MARIA
DE TODOS OS POVOS

Aparecida Matilde Alves

MARIA
DE TODOS OS POVOS

Um mês com Nossa Senhora

Dados Internacionais de Catalogação na Publicação (CIP)
(Câmara Brasileira do Livro, SP, Brasil)

Alves, Aparecida Matilde
 Maria de todos os povos : um mês com Nossa Senhora / Aparecida Matilde Alves. – São Paulo : Paulinas, 2013. – (Coleção vida e oração)

ISBN 978-85-356-3431-0

1. Maria, Virgem, Santa - Culto 2. Maria, Virgem, Santa - Devoção 3. Novena I. Título. II. Série.

13-00919 CDD-232.917

Índice para catálogo sistemático:
1. Nossa Senhora : História e novena : Cristianismo   232.917

Direção-geral: *Bernadete Boff*
Editora responsável: *Andréia Schweitzer*
Copidesque: *Ana Cecilia Mari*
Coordenação de revisão: *Marina Mendonça*
Revisão: *Sandra Sinzato*
Assistente de arte: *Ana Karina Rodrigues Caetano*
Gerente de produção: *Felício Calegaro Neto*
Projeto gráfico: *Manuel Rebelato Miramontes*

1ª edição – 2013
5ª reimpressão – 2019

Nenhuma parte desta obra poderá ser reproduzida ou transmitida por qualquer forma e/ou quaisquer meios (eletrônico ou mecânico, incluindo fotocópia e gravação) ou arquivada em qualquer sistema ou banco de dados sem permissão escrita da Editora. Direitos reservados.

Paulinas
Rua Dona Inácia Uchoa, 62
04110-020 – São Paulo – SP (Brasil)
Tel.: (11) 2125-3500
http://www.paulinas.com.br – editora@paulinas.com.br
Telemarketing e SAC: 0800-7010081
© Pia Sociedade Filhas de São Paulo – São Paulo, 2013

Sumário

Introdução..9

Dia 1
Nossa Senhora Mãe de Deus
Theotókos... 13

Dia 2
Nossa Senhora Aparecida
Rainha e padroeira do Brasil... 18

Dia 3
Nossa Senhora de Guadalupe
Padroeira da América Latina 22

Dia 4
Nossa Senhora de Fátima
A Virgem do Rosário 27

Dia 5
Nossa Senhora de Lourdes
A Imaculada Conceição 31

Dia 6
Nossa Senhora de Nazaré
Rainha e padroeira da Amazônia..................................... 36

Dia 7
Nossa Senhora do Caravaggio
Anunciadora da paz... 41

Dia 8
Nossa Senhora Rainha dos Apóstolos
Maria de Pentecostes... 46

Dia 9
Nossa Senhora da Piedade
Padroeira de Minas Gerais 51

Dia 10
Nossa Senhora do Sorriso
Portadora da paz e da alegria 56

Dia 11
Nossa Senhora do Bom Parto
A Virgem Negra de Paris 61

Dia 12
Nossa Senhora do Carmo
A Virgem do Escapulário 66

Dia 13
Nossa Senhora da Cabeça
Mãe dos Combatentes 70

Dia 14
Nossa Senhora da Boa Morte
Porta do Paraíso 75

Dia 15
Nossa Senhora da Imaculada Conceição
Concebida sem pecado 80

Dia 16
Nossa Senhora da Salete
A Virgem que chorou 85

Dia 17
Nossa Senhora do Perpétuo Socorro
A Virgem da Paixão 90

Dia 18
Nossa Senhora da Penha
Padroeira e inspiradora das letras e artes 95

Dia 19
Nossa Senhora da Boa Viagem
Padroeira de Belo Horizonte 100

Dia 20
Nossa Senhora Divina Pastora
Maria, Mãe do Bom Pastor 105

Dia 21
Nossa Senhora do Desterro
Mãe dos imigrantes 109

Dia 22
Nossa Senhora das Candeias
Festa da Apresentação do Senhor 114

Dia 23
Nossa Senhora Desatadora dos Nós
O poder libertador das mãos de Maria 118

Dia 24
Nossa Senhora Auxiliadora
Auxílio dos cristãos 123

Dia 25
Nossa Senhora das Graças
A Medalha Milagrosa 128

Dia 26
Nossa Senhora da Luz
Padroeira de Curitiba 132

Dia 27
Nossa Senhora do Rosário
Mãe e protetora dos simples 136

Dia 28
Nossa Senhora das Dores
Mater Dolorosa 141

Dia 29
Nossa Senhora da Saúde
Maria, fonte de vigor físico e moral 146

Dia 30
Nossa Senhora da Glória
Padroeira de Maringá 150

Dia 31
Coroação de Nossa Senhora 155

Anexos 161

Introdução

> Ao pronunciar o "fiat" (faça-se) da Anunciação e ao dar
> seu consentimento ao Mistério da Encarnação,
> Maria já colabora para toda a obra
> que seu Filho deverá realizar.
> Ela é Mãe onde Ele é Salvador
> e Cabeça do Corpo Místico.
> (*Catecismo da Igreja Católica*)

Quem é Maria?

Criatura, como todo ser humano, Maria é aquela que "todas as gerações chamarão de bem-aventurada" (cf. Lc 1,48). De todas as criaturas, ela é aquela que os santos e doutores da Igreja nomeiam como "a obra-prima de Deus". O seu "sim" dado a Deus mudou para sempre o curso da história da humanidade.

Para Deus Pai, ela é a mulher escolhida desde toda a eternidade para ser a Mãe do seu filho único – Jesus Cristo, nosso Salvador.

Para o Verbo de Deus, ela é aquela que lhe deu a humanidade, aquela que envolveu toda a sua vida terrena, aquela a quem ele pôde chamar de Mãe, aquela que consegue dele tudo o que deseja.

Para nós, Maria é Mãe, refúgio de ternura, de compaixão e misericórdia, aquela que nos concebe para a vida divina; é, também, nosso modelo, pois ela é nossa irmã, conforme a condição humana; ela é a estrela da manhã, na qual ganha vida toda a nossa esperança.

Segundo a tradição, Maria nasceu em 8 de setembro – data em que a Igreja celebra a Natividade de Nossa Senhora. Filha de Joaquim e Ana, de acordo com os costumes judaicos, aos três anos foi apresentada no Templo de Jerusalém e ali permaneceu até os doze anos, no serviço do Senhor.

No Segundo Testamento, Maria é citada dezenove vezes, entre elas:

> "Não tenhas medo, Maria!... conceberás e darás à luz um filho, e lhe porás o nome de Jesus... será chamado Filho do Altíssimo...". Maria, então, perguntou ao anjo: "Como acontecerá isso, se eu não conheço homem?". O anjo respondeu: "O Espírito Santo descerá sobre ti, e o poder do Altíssimo te cobrirá com a sua sombra. Por isso, aquele que vai nascer será chamado santo, Filho de Deus" (Lc 1,30-35).

Por que chamamos Maria com tantos nomes diferentes?

> Todas as gerações, de agora em diante, me chamarão feliz.
> (*Lc 1,48*)

Na Ladainha de Nossa Senhora estão elencados os mais belos títulos com que a Igreja homenageia Maria, a Mãe de Jesus e nossa: Santa Mãe de Deus, Mãe de Cristo,

Mãe Imaculada, Virgem Fiel, Causa de nossa Alegria, Rosa Mística, Estrela da Manhã, Refúgio dos Pecadores, Rainha dos Apóstolos, Rainha da Paz... O título mais recente – Rainha das Famílias – foi acrescentado pelo Bem-aventurado João Paulo II, em 1995.

Além destes, Maria recebe títulos originados de suas aparições ou mesmo referindo-se à sua atuação junto às necessidades de seus filhos, no decorrer da história: Nossa Senhora Aparecida, Nossa Senhora de Fátima, Nossa Senhora da Angústia, Nossa Senhora da Ajuda, Nossa Senhora da Assunção, Nossa Senhora da Glória, Nossa Senhora do Perpétuo Socorro, Nossa Senhora de Nazaré, Nossa Senhora da Piedade, Nossa Senhora do Bom Parto, Nossa Senhora da Cabeça, Nossa Senhora das Graças, Imaculada Conceição, Nossa Senhora de Guadalupe... E tantos outros que nos convidam a considerar a grandeza de Maria junto a Trindade Divina. É sempre a *única* Santíssima Virgem Maria, a Maria de Nazaré, a Medianeira de todas as graças junto a seu Filho Jesus, em favor da humanidade. É por isso que seus filhos lhe dedicam tanto carinho e a Igreja, em todo o mundo, consagra a ela o mês de maio.

Dia 1

Nossa Senhora Mãe de Deus
Theotókos

História

"Depois de longo debate, no Concílio de Éfeso de 431, foi solenemente confirmada, por um lado, a unidade das duas naturezas, a divina e a humana, na pessoa do Filho de Deus e, por outro, a legitimidade da atribuição a Virgem do título de *Theotókos*, "Mãe de Deus" (Papa Bento XVI).

A heresia que nega a maternidade divina de Nossa Senhora é muito anterior aos protestantes, tendo nascido com Nestório, bispo de Constantinopla. Os protestantes retomaram esta heresia já sepultada pela Igreja de Cristo. Maria é Mãe de Deus, porque é Mãe de Jesus, que é Deus. Negar que a Virgem é Mãe de Deus é negar que Jesus é Deus. Há em Nosso Senhor duas naturezas: a humana e a divina, constituindo uma só pessoa, a pessoa de Jesus. Estas naturezas não se separam. Sendo assim, Maria, que gerou em seu seio Jesus, é Mãe da natureza humana, e como a natureza humana não se separa da divina, Maria é Mãe de Deus. Se negarmos a maternidade de Nossa Senhora, negaremos a redenção do gênero humano.

Quando o missionário jesuíta, Padre Roque Gonzáles, em 1626, ingressou no atual território do Rio Grande do Sul, batizou esta terra com o nome indígena de "Tupanciretan", que em nossa língua significa "Terra da Mãe de Deus". A região da futura metrópole gaúcha começou a ser povoada por açorianos por volta de 1742. Esses imigrantes portugueses encontravam-se provisoriamente às margens do Guaíba, pois tinham vindo para repovoarem as missões jesuíticas da margem esquerda do Rio Uruguai, no atual território gaúcho, e isso após a retirada dos índios espanhóis. Como eram muito religiosos, em 1769 trataram de erguer uma capela, dedicando-a a São Francisco das Chagas (devoção muito difundida na Ilha Terceira dos Açores).

Em 26 de março de 1772, o bispo do Rio de Janeiro, Dom Frei Antônio do Desterro Malheiros, elevou esta capela à condição de freguesia (paróquia). Ao mesmo tempo que se instalava a freguesia, o Capitão Alexandre José Montanha recebeu ordens do Governador para desapropriar a antiga fazenda de Jerônimo de Ornelas e distribuí-la a sessenta casais açorianos, deixando lugar para a igreja, a praça e os edifícios públicos. Com a colaboração entre as duas autoridades, organizou-se dessa maneira, jurídica e efetivamente, a povoação de *São Francisco do Porto dos Casais*, cujo nome, em 18 de janeiro de 1773, foi mudado para *Nossa Senhora Mãe de Deus de Porto Alegre de Viamão*.

Bebendo na fonte

"Enquanto Jesus assim falava, uma mulher levantou a voz no meio da multidão e lhe disse: 'Feliz o ventre que te trouxe e os seios que te amamentaram'. Ele respondeu: 'Felizes, sobretudo, são os que ouvem a Palavra de Deus e a põem em prática'" (Lc 11,27-28).

Reflexão

Desde os primórdios do Cristianismo, os Padres da Igreja meditaram e escreveram sobre as razões que fazem de Nossa Senhora uma criatura tão excelsa, digna de um culto todo especial. E foram sempre unânimes em afirmar um só motivo de sua grandeza: Maria é a Mãe de Deus, e por vontade do seu próprio Filho é mãe de todos os homens e mulheres, do mundo todo.

Escreve São Pio X: "Nas mesmas entranhas puríssimas da Mãe, foi formada a carne de Cristo e ao mesmo tempo seu corpo espiritual, constituído de todos os fiéis. Por isso somos filhos de Maria e ela é a Mãe de todos nós".

Admirável intercâmbio! O Criador da humanidade, assumindo corpo e alma, nasceu de uma Virgem. Feito homem, doou-nos sua própria divindade!

Preces

Como filhos de Deus e de Maria, herdeiros de todos os bens do Pai, peçamos com fé, que ele nos conceda suas graças, por meio de Maria, nossa Mãe:

- para que os cristãos se empenhem em realizar a paz, juntamente com todos os povos de boa vontade;
- pelos recém-nascidos e por suas famílias, para que sintam a proteção de Maria, Mãe de Deus;
- por todos os batizados, para que busquem em Maria proteção, coragem para viver sua fé, perseverança e fidelidade ao projeto de Deus;
- para que Maria receba nossos pedidos e suplique por cada um de nós, pelas necessidades de nossas famílias e de nossa comunidade, junto a seu Filho;
- pelas vocações religiosas e sacerdotais, para que não faltem ao serviço ao povo de Deus e sejam sempre mais fervorosas e fiéis a Jesus Cristo, Filho de Maria.

Oração

Maria, Rainha do céu e da terra, Filha predileta do Pai, Mãe do Filho de Deus, Esposa imaculada do Espírito Santo, admiro e louvo o vosso privilégio único no mundo, pois, agradando a Deus pela vossa humildade, fé e virgindade, fostes escolhida para ser a Mãe do Salvador, nosso Mestre, verdadeira luz do mundo, sabedoria incriada, fonte e primeiro Apóstolo da Verdade.

Destes ao mundo o grande livro: o Verbo eterno, a Palavra eterna do Pai.

Louvo a Santíssima Trindade por esse privilégio tão sublime e pela alegria inefável que experimentastes.

Dia 2

Nossa Senhora Aparecida
Rainha e padroeira do Brasil

História

As romarias de Nossa Senhora Aparecida tiveram início em 1717. Três pescadores, de nome Domingos Garcia, João Alves e Felipe Pedroso, moradores às margens do rio Paraíba, no município de Guaratinguetá (SP), estavam pescando, sem conseguir fisgar peixe algum. João Alves, lançando a sua rede na altura do Porto de Itaguaçu, de repente, retirou das águas o corpo de uma imagem, sem cabeça, sendo que mais abaixo colheu também a cabeça. Desde aquele momento foi tão abundante a pescaria que, em poucos lances, encheram as canoas e tiveram de suspender o trabalho para não naufragarem.

Com grande satisfação, verificaram que a tal imagem era de Nossa Senhora da Conceição. Colocaram-na no oratório de sua pobre morada e diante dela começaram a fazer suas devoções.

Na Igreja e no Congresso Nacional sempre se manifestou o desejo de que Nossa Senhora Aparecida fosse declarada oficialmente padroeira do Brasil, e o episcopado

Alcançai-me o dom da sabedoria celeste e a graça de ser discípulo missionário de Jesus, fiel à sua Igreja, mensageira da verdade. Fazei resplandecer no mundo inteiro a luz do Evangelho. Dissipai os erros e congregai todos os homens e as mulheres na Igreja de Cristo. Iluminai os que estudam a Palavra de Deus e os que a anunciam através da comunicação social.

Ouvi a nossa prece, Mãe de Deus e nossa Mãe, Sede da Sabedoria, Rainha de Todos os Santos!

(Bem-aventurado Tiago Alberione,
fundador da Família Paulina)

apresentou este desejo ao Santo Padre, o Papa Pio XI, que acolheu favoravelmente o pedido dos bispos e católicos do Brasil e, por decreto de 16 de julho de 1930, proclamou a Virgem Aparecida padroeira principal do Brasil.

Em 1967, com duzentos e cinquenta anos de devoção, o Papa Paulo VI ofereceu ao santuário o título de "Rosa de Ouro", reconhecendo a importância desta devoção. Em 4 de julho de 1980, o Papa João Paulo II, em sua histórica visita ao Brasil, consagrou a Basílica de Nossa Senhora Aparecida em solene missa, revigorando a devoção a Santa Maria, Mãe de Deus. Em maio de 2004, ele concedeu indulgências aos devotos de Nossa Senhora Aparecida, por ocasião das comemorações do centenário de coroação da imagem e proclamação de Nossa Senhora como padroeira do Brasil.

Sua comemoração é feita em 12 de outubro.

Bebendo na fonte

"Naquele tempo, houve um casamento em Caná da Galileia e a mãe de Jesus estava lá. Jesus foi convidado para as bodas e os seus discípulos também... A mãe de Jesus lhe diz: 'Eles não têm mais vinho'... e diz aos serventes: 'Fazei tudo o que ele vos disser'. Quando o mestre-sala provou a água transformada em vinho, chamou o noivo e disse-lhe: 'Tu guardaste o bom vinho até agora!'. Este início dos sinais, Jesus o fez em Caná da Galileia e manifestou a sua glória e os seus discípulos creram nele" (Jo 2,1-11).

Reflexão

Maria é aquela que ouviu de maneira exemplar a Palavra de Deus, como a serva do Senhor que diz "sim" à sua palavra, como a cheia de graça que por si mesma nada é, mas que é tudo por bondade de Deus. Ela é o modelo das pessoas que se abrem para Deus e se deixam enriquecer por suas graças.

O significado e a importância da devoção mariana residem em sua capacidade de estabelecer relação com Deus. A piedade mariana só é existencial e pastoralmente válida se orientada para Cristo.

Escolhida entre todas as mulheres, modelo de santidade e advogada nossa, Maria intervém constantemente em favor de seus filhos e filhas que peregrinam nesta terra.

Preces

Elevemos a Deus nossas preces, pelas mãos de Maria, Nossa Senhora da Conceição Aparecida. Senhora Aparecida, Rainha e padroeira do Brasil, escutai a nossa prece:

- pelo Santo Padre, o Papa... e nosso(s) bispo(s)... para que, guiados pelo Espírito Santo, sejam construtores do Reino de Deus no mundo;
- por nossa pátria, pelos nossos governantes, por nossos educadores e catequistas, para que conduzam nossas crianças e jovens à vivência dos valores morais e evangélicos;

- para que o Senhor de bondade ouça as nossas preces e nos conceda a graça de que estamos necessitando e lhe pedindo nesta oração.

Oração

Ó incomparável Senhora da Conceição Aparecida, Mãe de Deus, Rainha dos anjos, advogada dos pecadores, refúgio e consolação dos aflitos e atribulados, Virgem Santíssima, cheia de poder e de bondade, lançai sobre nós um olhar favorável, para que sejamos socorridos por vós, em todas as necessidades em que nos acharmos.

Lembrai-vos, ó clementíssima Mãe Aparecida, que nunca se ouviu dizer que algum daqueles que têm a vós recorrido, invocado vosso santíssimo nome e implorado a vossa singular proteção, fosse por vós abandonado.

Animados com esta confiança, a vós recorremos. Tomamo-vos para sempre por nossa Mãe, nossa protetora, consolação e guia, esperança e luz na hora da morte. Livrai-nos de tudo o que possa ofender-vos e ao vosso Santíssimo Filho, Jesus. Preservai-nos de todos os perigos da alma e do corpo; dirigi-nos em todos os assuntos espirituais e temporais. Livrai-nos da tentação do demônio, para que, trilhando o caminho da virtude, possamos um dia ver-vos e amar-vos na eterna glória, por todos os séculos dos séculos. Amém.

Dia 3

Nossa Senhora de Guadalupe
Padroeira da América Latina

História

Em 1531, a Santíssima Virgem apareceu na Colina Tepejac, México, a Juan Diego, piedoso e humilde indígena, e comunicou-lhe o desejo de que ele se dirigisse ao bispo com o pedido de, naquele local, fosse construída uma igreja. O bispo, Dom João de Zumárraga, prometeu submeter o ocorrido a meticuloso exame, e retardou bastante a resposta definitiva. Pela segunda vez, a Santíssima Virgem apareceu a Juan Diego, renovando, e desta vez com insistência, o mesmo pedido. Aflito e entre lágrimas, o pobre homem novamente se apresentou ao prelado e suplicou que a Mãe de Deus fosse atendida. Exigiu, então, o bispo que ele trouxesse um sinal convincente.

Pela terceira vez a Santíssima Virgem se comunicou com Juan Diego, não mais na colina de Tepejac, mas no meio do caminho à capital, para onde este se dirigia à procura de um sacerdote que fosse ao encontro de seu tio, prestes a morrer. Isto ocorreu durante o inverno e num lugar inóspito e árido. Maria, então, o assegurou do restabelecimento do enfermo. Com isso, Juan Diego, em atitude de profunda devoção, estendeu aos pés da Santíssima Virgem seu manto, e este imediatamente se encheu de belíssimas rosas. "É este o sinal" – disse-lhe a Virgem de Guadalupe – "que darei a quem o pediu. Leva estas rosas ao Sr. Bispo". A ordem foi cumprida e, no momento em que o piedoso índio espalhou as flores diante do prelado, apareceu sobre o tecido do manto uma linda pintura de Nossa Senhora, reprodução fiel da primeira aparição na colina de Tepejac.

Desde que se deu tal acontecimento, Guadalupe é vista como um grande santuário nacional do México, visitado continuamente por multidões de fiéis que recorrem a Maria Santíssima em todas as suas necessidades.

A devoção a Nossa Senhora de Guadalupe se estendeu por toda a América Latina, e numerosas são as igrejas que trazem o seu nome. A partir daí, a evangelização do México tornou-se avassaladora, sendo destruídos os últimos resquícios da bárbara superstição dos astecas, que escravizavam outros povos e sacrificavam seus próprios filhos em rituais sangrentos.

O manto de Juan Diego é ainda hoje venerado no Santuário de Nossa Senhora de Guadalupe.

Em 1910, São Pio X proclamou-a *Padroeira da América Latina* e, em 1945, Pio XII deu-lhe o título de *Imperatriz da América*.

Bebendo na fonte

"Naqueles dias, Maria partiu apressadamente para a região montanhosa, dirigindo-se a uma cidade de Judá. Ela entrou na casa de Zacarias e saudou Isabel. Quando Isabel ouviu a saudação de Maria, a criança pulou de alegria em seu ventre, e Isabel ficou repleta do Espírito Santo. Com voz forte, ela exclamou: 'Bendita és tu entre as mulheres e bendito é o fruto do teu ventre! Como mereço que a mãe do meu Senhor venha me visitar? Logo que a tua saudação ressoou nos meus ouvidos, o menino pulou de alegria no meu ventre. Feliz aquela que acreditou, pois o que lhe foi dito da parte do Senhor será cumprido!'" (Lc 1,39-45).

Reflexão

Diz o Papa Bento XVI: em Nossa Senhora de Guadalupe "tudo é milagroso: uma imagem que provém de flores colhidas num terreno totalmente estéril, no qual só podem crescer espinheiros; uma imagem estampada numa tela tão rala que, através dela, pode-se enxergar o povo e a nave da Igreja tão facilmente como através de um filó; uma imagem em nada deteriorada, nem no seu supremo encanto, nem no brilho de suas cores, pelas emanações do lago vizinho que, todavia, corroem a prata, o ouro e o bronze... Deus não agiu assim com nenhuma outra nação".

A veneração da Virgem de Guadalupe, solícita a prestar auxílio e proteção em todas as necessidades, desperta no povo grande confiança filial. Constitui, além disso, um estímulo à prática da caridade cristã, ao demonstrar a predileção de Maria pelos humildes e necessitados, bem como sua disposição em assisti-los.

Alegremo-nos todos no Senhor, exaltando Nossa Senhora de Guadalupe; conosco celebram os anjos e glorificam o Filho de Deus.

Preces

Elevemos hoje nossa prece a Deus por meio de Maria, rezando, com o Bem-aventurado João Paulo II, pela América Latina.

Oração

Oh, Virgem Imaculada, Mãe do verdadeiro Deus e Mãe da Igreja! Vós, que manifestais vossa clemência e compaixão a todos que solicitam vosso amparo, escutai a oração que com filial confiança vos dirigimos e a apresente a vosso Filho Jesus, nosso único Redentor.

Mãe de Misericórdia, Mestra do sacrifício escondido e silencioso, a vós, que vindes ao encontro de nós pecadores, consagramos neste dia todo o nosso ser e todo o nosso amor. Consagramo-vos também nossa vida, nossos trabalhos, nossas alegrias, nossas enfermidades e nossas dores.

Concedei a paz, a justiça e a prosperidade a nossos povos. Tudo o que temos e somos colocamos sob vossos cuidados, Senhora e Mãe nossa. Queremos ser totalmente vosso e percorrer convosco o caminho de plena fidelidade a Jesus Cristo em sua Igreja. Não nos solteis de vossa mão amorosa. Virgem de Guadalupe, Mãe das Américas, pedimo-vos por todos os bispos, para que conduzam os fiéis por caminhos de intensa vida cristã, de amor e de humilde serviço a Deus e às almas.

Contemplai esta imensa messe e intercedei para que o Senhor infunda fome de santidade em todo o povo de Deus e envie abundantes vocações sacerdotais e religiosas, fortes na fé e zelosos, dispensadoras dos mistérios de Deus.

Concedei aos nossos lares a graça de amar e respeitar a vida que começa, com o mesmo amor com que concebestes em vosso seio a vida do Filho de Deus.

Virgem Santa Maria, Mãe do Formoso Amor, protegei nossas famílias, para que estejam sempre muito unidas, e abençoai a educação de nossos filhos. Esperança nossa, lançai-nos um olhar compassivo, ensinai-nos a procurar continuamente a Jesus e, se cairmos, ajudai-nos a nos levantar, a nos voltarmos a ele, mediante a confissão de nossas culpas e pecados no sacramento da Penitência, que traz serenidade à nossa alma.

Nós vos suplicamos para que nos concedais um grande amor a todos os santos Sacramentos, que são as pegadas de vosso Filho na terra. Assim, Mãe Santíssima, com a paz de Deus na consciência, com nossos corações livres do mal e do ódio, poderemos levar a todos a verdadeira alegria e a verdadeira paz que vêm de vosso Filho, nosso Senhor Jesus Cristo, que com Deus Pai e com o Espírito Santo vive e reina pelos séculos dos séculos. Amém.

Dia 4

Nossa Senhora de Fátima
A Virgem do Rosário

História

Em 13 de maio de 1917, três crianças apascentavam um pequeno rebanho na Cova da Iria, freguesia de Fátima, hoje diocese de Leiria-Fátima, em Portugal. Chamavam-se Lúcia de Jesus, de dez anos, e Francisco e Jacinta Marto, seus primos, de nove e sete anos. Por volta do meio-dia, depois de rezarem o terço, como habitualmente faziam, entretinham-se a construir uma pequena casa de pedras soltas, no local onde hoje se encontra a basílica. De repente, viram uma luz brilhante; julgando que fosse um relâmpago, decidiram ir embora, mas, logo abaixo, outro clarão iluminou o espaço, e viram em cima de uma pequena azinheira (onde agora se encontra a Capelinha das Aparições) uma "Senhora mais brilhante que o sol", de cujas mãos pendia um terço branco.

A Senhora disse aos três pastorzinhos que era necessário rezar muito, e convidou-os a voltarem à Cova da Iria durante mais cinco meses consecutivos, no dia 13 e no mesmo horário. As crianças assim fizeram, e a Senhora voltou a aparecer-lhes e a falar-lhes, na Cova da Iria. Na última aparição, em 13 de outubro, estando presentes cerca de 70 mil pessoas, a Senhora disse-lhes que era a "Senhora do Rosário" e que fizessem ali uma capela em sua honra. Depois da aparição, todos os presentes observaram o milagre prometido às três crianças em julho e setembro: o sol, assemelhando-se a um disco de prata, podia ser fitado sem dificuldade e girava sobre si mesmo como uma roda de fogo, parecendo precipitar-se sobre a terra.

Posteriormente, sendo Lúcia religiosa de Santa Doroteia, Nossa Senhora apareceu-lhe outras vezes, pedindo a devoção dos cinco primeiros sábados (rezar o terço, meditar nos mistérios do rosário, confessar-se e receber a Sagrada Comunhão, em reparação dos pecados cometidos contra o Imaculado Coração de Maria) e a consagração da Rússia ao seu Imaculado Coração. Desde 1917, não mais cessaram de ir à Cova da Iria milhares e milhares de peregrinos de todo o mundo.

Bebendo na fonte

"'Não tenhas medo, Maria! Encontraste graça junto a Deus. Conceberás e darás à luz um filho, e lhe porás o nome de Jesus'... Maria, então, perguntou ao anjo: 'Como acontecerá isso, se eu não conheço homem?'. O anjo respondeu: 'O Espírito Santo descerá sobre ti, e o poder do Altíssimo te cobrirá com a sua sombra. Por isso, aquele que vai nascer será chamado santo, Filho de Deus...'. Maria disse: 'Eis aqui a serva do Senhor! Faça-se em mim segundo a tua palavra'. E o anjo retirou-se" (Lc 1,30-39).

Reflexão

A Virgem Maria revelou-se obediente, ao dizer: "Eis aqui a serva do Senhor; faça-se em mim segundo a vossa palavra!". E assim, com sua atitude, obteve para si e para toda a humanidade a salvação.

Cheia da ciência de Deus, como o mar quando transborda, Maria é transportada para fora de si mesma e, com o espírito elevado para o alto, permanece na mais alta contemplação. Surpreende-se a virgem por ter se tornado mãe; e se surpreende feliz, por ser a Mãe de Deus.

Ave, ó Maria, cheia de graça! O Senhor é convosco; bendita sois vós entre todas as mulheres e bendito é o fruto do vosso ventre, Jesus, o nosso Salvador! Santa Maria, Mãe de Deus, rogai por nós pecadores, agora e na hora da nossa morte. Amém.

Preces

Recebemos sempre com muita alegria o anúncio da nossa redenção. Eis-nos aqui, Senhor, para cumprir a vossa Palavra! Por isso, rezamos:

- pela Igreja de Deus, para que seja santa e imaculada, e que todos os batizados estejam um dia na glória com Maria, a Mãe da Igreja;
- por aqueles a quem ainda não foi anunciado o Evangelho, para que Deus lhes envie missionários mensageiros de sua Palavra;

- por todos os que sofrem, para que encontrem em Nossa Senhora o conforto da sua fé e a certeza da sua esperança;
- por cada um de nós aqui presentes, para que saibamos confiar no auxílio divino e sejamos atendidos em nossas necessidades pessoais, rezemos.

Oração

Santíssima Virgem, que nos montes de Fátima vos dignastes revelar aos três pastorzinhos os tesouros de graças que podemos alcançar, rezando o santo rosário, ajudai-nos a apreciar sempre mais esta santa oração, a fim de que, meditando os mistérios da nossa redenção, alcancemos as graças que insistentemente vos pedimos.

Olhai para as famílias do nosso imenso Brasil e para as suas necessidades. Vede os perigos que as cercam em todos os momentos e sede a mãe sempre presente. Senhora de Fátima, sede a nossa intercessora junto ao Pai e ao Filho e ao Espírito Santo e alcançai-nos a graça que hoje vos pedimos.

Ó meu bom Jesus, perdoai-nos, livrai-nos do fogo do inferno, levai as almas todas para o céu e socorrei principalmente as que mais precisarem.

Nossa Senhora do Rosário de Fátima, rogai por nós.

Dia 5

Nossa Senhora de Lourdes
A Imaculada Conceição

História

Lourdes é uma cidade situada no sudeste da França, pertencente à diocese de Tarbes; dentre os santuários marianos, é um dos mais frequentados. Segundo as declarações de Bernadete Soubirous, menina de catorze anos, filha de pobre moleiro do lugar, ela teria presenciado dezoito aparições de Nossa Senhora na gruta de Massabielle, das quais a primeira foi em 11 de fevereiro de 1858 e a última em 16 de julho do mesmo ano. Em repetidas aparições a Santíssima Virgem insistiu na necessidade de penitência e de oração pelos pecadores.

Em 25 de março, Bernadete perguntou à dama de aparência sobrenatural quem ela era, e a resposta foi: "Sou a Imaculada Conceição".

O bispo de Tarbes, em 28 de julho de 1858, nomeou uma comissão que, durante três anos, examinou minuciosamente todos os fenômenos observados na gruta de Massabielle. Esta mesma comissão sujeitou Bernadete a rigorosas interrogações; estudou escrupulosamente todos os casos que havia de curas extraordinárias e que se dizia terem acontecido em Lourdes. No seu relatório, publicado em janeiro de 1882, Dom Laurence, reconheceu o caráter sobrenatural das aparições e autorizou o culto público da SS. Virgem na gruta de Massabielle.

Em 4 de abril de 1864 foi colocada na gruta uma estátua da Imaculada Conceição e em 2 de julho de 1876 sagrou-se a igreja construída no lugar indicado por Nossa Senhora. À mesma igreja o Papa Pio IX concedeu o título de basílica, a qual enriqueceu com muitos privilégios.

Em 13 de novembro de 1907 a celebração de Nossa Senhora de Lourdes, como a Imaculada Conceição, foi estendida a toda a Igreja. Desde essa época começaram a afluir a Lourdes procissões não só da França, mas também de todos os países da Europa e do mundo.

Bernadete, em 1865, fez-se religiosa da Congregação das Irmãs de Caridade e do Ensino Cristão. Entrou no Convento de Nevers, onde professou os votos em 22 de setembro de 1878. Sofreu muito, mas, em meio aos sofrimentos físicos e morais, sempre conservou a simplicidade, a mansidão e a humildade, virtudes que sempre a caracterizaram. Faleceu no Convento de Nevers em 16 de abril de 1879.

O Papa Pio XI, em 14 de julho de 1925, inseriu o nome da irmã Maria Bernadete no catálogo dos Bem-aventurados e a canonizou em 2 de julho de 1933.

Bebendo na fonte

"Alegrai-vos com Jerusalém, fazei festa com ela, todos os que a amam! Participai de sua imensa alegria, vós todos os que por ela chorastes!... Qual mãe que acaricia os filhos, assim vou dar-vos meu carinho; em Jerusalém é que sereis acariciados. Ao ver, vosso coração se alegrará, vossos corpos como planta rejuvenescerão. É o poder do Senhor que se manifesta em favor de seus servos..." (Is 66,10-14).

Reflexão

O perene "milagre" de Lourdes é a Eucaristia. Para além do fenômeno religioso das inumeráveis curas, são evidentes os efeitos da mensagem do Evangelho, proclamada fortemente por Maria, a *conversão*, e o grande gesto de Cristo: "dar o próprio corpo e o próprio sangue para a salvação dos homens".

A alegre aceitação dos sofrimentos em união com Cristo, por parte dos doentes, a admirável doação de tantos jovens aos pobres e sofredores que vão a Lourdes, o clima ininterrupto de oração, dia e noite, somente são compreensíveis à luz da Eucaristia, que tem sempre o primeiro lugar nessa cidadela de Maria.

Bendita sejais, Maria, para o Deus altíssimo, mais do que todas as mulheres da terra, e bendito seja o Senhor Deus, criador do céu e da terra.

Preces

Proclamemos a grandeza de Deus Pai todo-poderoso, que quis que Maria, a Imaculada Conceição, fosse celebrada por todas as gerações. Cheia de graça, intercedei por nós!

- Deus, autor de tantas maravilhas, que fizestes a Imaculada Virgem Maria participar em corpo e alma da glória celeste de Cristo, conduzi para a mesma glória os corações de vossos filhos e filhas;
- vós que nos destes Maria por Mãe, concedei, por sua intercessão, saúde aos doentes, consolo aos tristes, perdão aos pecadores, e a todos a salvação e a paz;
- vós que fizestes Maria a cheia de graça, concedei-nos a graça que estamos pedindo e a todos os seus filhos a abundância da vossa graça;
- fazei, Senhor, que a vossa Igreja seja, na caridade, um só coração e uma só alma, e que todos os fiéis perseverem unânimes na oração, com Maria, Mãe de Jesus;
- vós que coroastes Maria como Rainha do céu, fazei que nossos irmãos e irmãs falecidos se alegrem eternamente em vosso Reino.

Oração

Ó Virgem puríssima, Nossa Senhora de Lourdes, que vos dignastes aparecer a Bernadete, no lugar solitário de uma gruta, para nos lembrar que é no sossego e recolhimento que Deus nos fala e nós falamos com ele, ajudai-nos a encontrar o sossego e a paz da alma, para que nos conservemos sempre unidos em Deus.

Nossa Senhora da gruta, dai-me a graça que vos peço e tanto preciso (*pedir a graça*).

Nossa Senhora de Lourdes, rogai por nós. Amém.

Dia 6

Nossa Senhora de Nazaré
Rainha e padroeira da Amazônia

História

A história de Nossa Senhora de Nazaré foi publicada pela primeira vez, em 1609, por Frei Bernardo de Brito, na monarquia lusitana. Este monge de Alcobaça conta ter encontrado no cartório do seu mosteiro uma doação territorial, de 1182, na qual constava a história da imagem da Senhora de Nazaré transcrita de um pergaminho do ano de 714. Dom Rodrigo, rei cristão derrotado, conseguira escapar do campo de batalha e, disfarçado de mendigo, refugiara-se no mosteiro. Ao confessar-se, porém, a Frei Romano, revelou quem era. O monge propôs-lhe, então, fugirem juntos para o litoral atlântico e levarem consigo a imagem de Nossa Senhora de Nazaré, que permaneceu escondida desde meados do século VIII, em Portugal, sob a guarda do abade do mosteiro. Após a sua morte, a imagem de Nossa Senhora somente foi encontrada muitos séculos depois, por pastores, em meio às pedras da região.

A popularidade desta devoção, na época dos descobrimentos portugueses, era tamanha entre as gentes do mar, que tanto Vasco da Gama, antes e depois da sua primeira viagem à Índia, quanto Pedro Álvares Cabral, que viria a aportar no Brasil, estiveram em peregrinação a Senhora de Nazaré. Assim também São Francisco Xavier, padre jesuíta e apóstolo do Oriente.

Nos séculos XVII e XVIII ocorreu a grande divulgação do culto de Nossa Senhora de Nazaré em todo Portugal e no império português, onde ainda hoje se veneram algumas réplicas da verdadeira imagem e existem várias igrejas e capelas dedicadas a esta invocação.

Destaca-se a imagem de Nossa Senhora de Nazaré que se venera em Belém do Pará, cuja festa anual recebeu o nome de Círio de Nazaré, uma das maiores romarias do mundo, atingindo mais de dois milhões de peregrinos em um só dia.

A devoção adquiriu caráter oficial, quando se ergueu, no lugar da primitiva ermida, uma capela, hoje a suntuosa Basílica de Nossa Senhora de Nazaré, cuja primeira pedra foi colocada em 24 de outubro de 1909 e, em 19 de junho de 1923, recebeu de Roma o título de Basílica Menor, o centro de uma empolgante devoção popular. A basílica, uma reprodução em menor escala da Basílica Maior de São Paulo Fora dos Muros, em Roma, foi planejada de forma unitária e é considerada Panteon do céu e do Pará.

Desde 15 de dezembro de 1971, existe uma lei estadual, a Lei n. 4.371, que declara sobre a padroeira dos paraenses: "É de lei, lei dos homens, que Nossa Senhora é merecedora de honras de Estado".

Bebendo na fonte

Quando Herodes morreu, o anjo do Senhor apareceu em sonho a José, no Egito, e lhe disse: "Levanta-te, toma o menino e sua mãe, e volta para a terra de Israel; pois já morreram aqueles que queriam matar o menino". Ele levantou-se, com o menino e a mãe, e entrou na terra de Israel. Mas quando soube que Arquelau reinava na Judeia, no lugar de seu pai Herodes, teve medo de ir para lá. Depois de receber em sonho um aviso, retirou-se para a região da Galileia e foi morar numa cidade chamada Nazaré. Isso aconteceu para se cumprir o que foi dito pelos profetas: "Ele será chamado nazareno" (Mt 2,19-23).

Reflexão

A procissão do Círio de Nazaré, realizada a cada ano no segundo domingo de outubro, em Belém do Pará, é o momento da maior manifestação religiosa do país, envolvendo uma gama de aspectos que unem mais de dois milhões de pessoas em torno da imagem da Rainha e padroeira da Amazônia: "Todo ato de peregrinação, de romaria, é um ato de fé", afirma Dom Orani João Tempesta, arcebispo metropolitano do Rio de Janeiro, "a pessoa deixa a sua casa, o conforto do seu lar e sai em peregrinação... e tem um encontro com Deus, um encontro de oração, buscando no Senhor o sentido de sua própria vida".

Peregrinar é o ato de caminhar rumo a lugares santos ou de devoção. As peregrinações são uma maneira de homenagear e também de se preparar espiritualmente, de pagar promessa e de caminhar em busca de uma graça ou apenas buscando esperança.

O Círio! Alegrias e tristezas de um povo a confluir numa única torrente, na busca de Deus e do seu amor, rezando, cantando e confraternizando-se sob o olhar materno da Senhora de Nazaré.

Preces

Celebremos nosso Salvador, que se dignou nascer da Virgem de Nazaré. Nossa Senhora de Nazaré, intercedei por nós!

- Salvador do mundo, que pelos méritos da redenção preservastes a vossa Mãe de toda mancha do pecado, livrai-nos também de todo pecado;
- Redentor nosso, que fizestes da Virgem de Nazaré o tabernáculo puríssimo de vossa presença no mundo, fazei de nós portadores de vosso amor a todas as pessoas;
- Palavra viva de Deus Pai, que ensinastes Maria a escolher a melhor parte, ajudai-nos a imitá-la, buscando sempre o alimento da vida eterna, a Eucaristia;
- Senhor misericordioso, que deixastes abrir vosso lado esquerdo para que do vosso coração jorrasse o sangue que nos fortifica, ouvi nossas súplicas e atendei nossos pedidos.

Oração

Eis que mais uma vez vos conduzem triunfalmente os vossos filhos, pelas ruas dessa cidade que é vossa, ó Senhora! Caminhais no trono florido e reluzente da berlinda dourada, guiada pelas cordas longas e calosas das promessas do povo, que sangra as mãos nesse contato de fé. Grande parte desse povo que aqui vedes, veio agradecer os vossos favores...

Os vossos favores, Senhora, são a resposta maternal ao sofrimento de vossos filhos. O carro dos milagres, carregado de ex-voto, transmite bem a ideia – pelo volume desmedido de sua carga – do abismo de sofrimento deste povo, suavizado em parte pelas gotas pluviosas de vossa graça. A Amazônia, a vossos pés, Senhora, vos pede esta graça: a graça de crescer como povo e desenvolver-se como civilização, a graça de ser missionária pela voz do Evangelho, a graça de viver o amor e encontrar a paz. Amém!

(Cônego Ápio Paes Campos –
Arquidiocese de Belém – Círio de 1974)

Dia 7

Nossa Senhora do Caravaggio
Anunciadora da paz

História

Corria o ano de 1432, época marcada por divisões políticas e religiosas, ódio, heresias. O município de Caravaggio, terra da aparição da santa, encontrava-se nos limites dos estados de Milão e Veneza e na divisa de três dioceses: Cremona, Milão e Bérgamo. A localidade era assolada por bandidos e agitada por facções, traições e crimes. Além disso, havia sido teatro da segunda guerra entre a República de Veneza e o ducado de Milão, que passou para o poder dos venezianos em 1431.

Neste cenário de desolação, às 17 horas da segunda-feira, 26 de maio de 1432, aconteceu a aparição de Nossa Senhora a uma camponesa de 32 anos, tida como piedosa e sofredora. Maltratada e humilhada por seu marido, Joaneta Varoli colhia pasto em um prado próximo, chamado Mezzolengo, distante 2 km de Caravaggio. Entre lágrimas e orações, a mulher avistou uma senhora que na sua descrição parecia uma rainha, mas que se mostrava cheia de bondade. Pediu que se ajoelhasse para receber uma importante mensagem: "Tenho conseguido afastar do povo cristão os merecidos e iminentes castigos da Divina Justiça, e venho anunciar a paz". Solicitou, então, que o povo voltasse a fazer penitência, jejuasse nas sextas-feiras e orasse na igreja no sábado à tarde, em agradecimento pelos castigos afastados, e, ainda, que lhe fosse erguida uma capela. Como sinal da origem divina da aparição e das graças que ali seriam dispensadas, ao lado de onde estavam seus pés brotou uma fonte de água límpida e abundante. Essa fonte existe até hoje, e muitos doentes recuperam ali sua saúde.

Joaneta, na condição de porta-voz, levou ao povo e aos governantes o recado da Virgem Maria para solicitar-lhes – em nome de Nossa Senhora – os acordos de paz. Apresentou-se às autoridades de Caravaggio e de Milão, ao imperador do Oriente, buscando unir a igreja dos gregos com o papa de Roma. Em suas visitas, levava ânforas de água da fonte sagrada, que resultavam em curas extraordinárias, prova de veracidade da aparição. A paz aconteceu na pátria e na própria Igreja.

Hoje o maior santuário brasileiro de Nossa Senhora do Caravaggio está na cidade de Farroupilha, no Rio Grande do Sul.

Bebendo na fonte

"Ao anoitecer daquele dia, o primeiro da semana, os discípulos estavam reunidos, com as portas fechadas por medo dos judeus. Jesus entrou e pôs-se no meio deles. Disse: 'A paz esteja convosco'. Dito isso, mostrou-lhes as mãos e o lado. Os discípulos, então, se alegraram por verem o

Senhor. Jesus disse de novo: 'A paz esteja convosco. Como o Pai me enviou, também eu vos envio'. Então, soprou sobre eles e falou: 'Recebei o Espírito Santo. A quem perdoardes os pecados, serão perdoados; a quem os retiverdes, ficarão retidos'" (Jo 20,19-23).

Reflexão

A comunidade recebe o dom da paz, nascida da vitória definitiva sobre as forças do mal. O discípulo que recebeu a paz do Senhor não pode nunca colocar em dúvida, em sua vida e na vida do mundo, o triunfo do bem supremo sobre o mal. Viver nessa paz, longe de permanecer de braços cruzados, é antes ir à luta pelo reino em que se crê, na certeza de que ele um dia se tornará visível em toda sua plenitude. A comunidade, portanto, é o lugar onde se recebe o sopro de vida e renovação em cada momento celebrativo, é o lugar onde a gente se reveste do Espírito Santo, lugar onde somos recriados, restaurados, tornando-nos novas criaturas em Cristo.

A fé no Senhor ressuscitado que caminha com a sua igreja não precisa de sinais ou provas, nós é que precisamos provar a nossa fé, aceitando viver e celebrar em uma comunidade, onde nada ocorre de excepcional, mas onde cada encontro é diferente, porque fazemos essa experiência do Cristo vivo, que caminha conosco. Podemos vê-lo e tocá-lo nos sacramentos, podemos ouvi-lo na sua Palavra, podemos percebê-lo na vida dos irmãos, razão pela qual não cansamos de repetir com a alma em júbilo, a cada saudação de quem preside a Eucaristia: "Ele está no meio de nós!".

O Senhor que ressuscitou está no meio de nós. Aleluia!

Preces

Abençoai-nos e promovei a paz no mundo todo, ó mãe de Caravaggio! Elevemos agora a Deus nossas preces, pelas mãos de Maria, Nossa Senhora do Caravaggio, que afirmou: "Venho anunciar a paz!":

- pela Igreja de Deus, para que seja santa e imaculada e consiga a paz no mundo pelo seu testemunho de fidelidade ao Senhor da Paz;
- por todos os doentes e os que sofrem, para que encontrem em Nossa Senhora o conforto da sua fé, a certeza para a sua esperança e a força para oferecer, em prol da paz no mundo, os seus sofrimentos;
- pelas famílias desunidas por ódio, inveja, pelo álcool e vício, para que Maria toque os corações de cada um de seus membros, a fim de que busquem em Jesus misericordioso a compreensão e o perdão.

Oração

Ó Maria, Virgem Santa do Caravaggio, do presépio até a cruz cuidastes do vosso Filho, e para Joaneta, fostes consolação e fonte de paz. Mostrai-nos o Salvador, fruto do vosso ventre, e ensinai-nos a acolher Jesus e seguir seu Evangelho.

À vossa proteção recorremos, ó cheia de graça, em nossas necessidades: livrai-nos dos perigos, ajudai-nos a vencer as tentações, levai ao Senhor nossa prece e mostrai que sois nossa mãe, a mãe que Jesus nos deu. Rogai por nós, Nossa Senhora do Caravaggio, para que sejamos dignos das promessas de Cristo. Amém.

Dia 8

Nossa Senhora Rainha dos Apóstolos
Maria de Pentecostes

História

Nossa Senhora sempre foi reconhecida pela Igreja Católica como rainha. É proclamada, pela Igreja, rainha por treze vezes: Rainha dos anjos, dos patriarcas, dos profetas, dos apóstolos, dos confessores, das virgens, dos mártires, de todos os santos, do Santíssimo Rosário, da paz, da família, concebida sem pecado original e levada aos céus.

O Bem-aventurado Tiago Alberione, fundador da Família Paulina,[1] em 1915 sentiu, de maneira especial, a presença da Mãe de Deus, e quis que seus discípulos a venerassem sob o título de Rainha dos Apóstolos. Desejando uma imagem significativa para sua padroeira, mandou que

---

[1] A Família Paulina é formada pelos seguintes institutos: Sociedade de São Paulo (padres e irmãos paulinos); Sociedade das Filhas de São Paulo (irmãs paulinas); Discípulas do Divino Mestre; Irmãs de Jesus Bom Pastor; Irmãs de Maria Rainha dos Apóstolos. Há ainda os institutos seculares: Jesus Sacerdote, Anunciatinas, Gabrielinos, Sagrada Família e Associação dos Cooperadores Paulinos.

o artista romano J. B. Conti fizesse um painel da Virgem para ser colocado no grande santuário das suas fundações – Igreja de São Paulo Apóstolo, em Alba –, edificado em agradecimento à proteção de Nossa Senhora aos seus filhos e filhas durante a Primeira Grande Guerra Mundial. O pintor representou a Mãe Santíssima de pé entre os apóstolos, oferecendo ao mundo o seu filho Jesus.

Durante a última guerra mundial, uma bomba caiu entre o seminário e a casa das irmãs paulinas, em Roma, e não atingiu ninguém, mostrando assim a bênção de Maria à missão paulina. Ali, Alberione mandou construir o Santuário de Nossa Senhora Rainha dos Apóstolos, onde ainda hoje a Família Paulina se reúne para celebrar os grandes momentos que marcam as instituições paulinas, fundadas pelo Bem-aventurado Tiago Alberione.

Contudo, esta invocação não é recente, pois já existia nas ladainhas lauretanas, instituídas por São Gregório Magno no século VII (apesar de alguns acréscimos posteriores). É também bastante conhecido nos meios artísticos um mosaico bizantino do século XII, na igreja do Torcello (Itália), no qual a Mãe de Deus aparece de pé com o Menino Jesus ao colo, rodeada pelos doze apóstolos. E quase um século antes de Tiago Alberione, o fundador da Sociedade do Apostolado Católico, São Vicente Pallotti, já havia colocado a sua obra missionária sob a tutela da Rainha dos Apóstolos.

Bebendo na fonte

"Então os apóstolos deixaram o monte das Oliveiras e voltaram para Jerusalém, à distância que se pode andar num dia de sábado. Entraram na cidade e subiram para a sala de cima onde costumavam ficar. Eram Pedro e João, Tiago e André, Filipe e Tomé, Bartolomeu e Mateus, Tiago, filho de Alfeu, Simão Zelota e Judas, filho de Tiago. Todos eles perseveravam na oração em comum, junto com algumas mulheres – entre elas, Maria, mãe de Jesus – e com os irmãos dele" (At 1,12-14).

Reflexão

Da Anunciação à ascensão de Jesus, e em toda a vida da Igreja, Maria exerce junto à humanidade sua missão: dar Jesus a cada um e a todos os homens. Maria doa a nós Jesus, Filho de Deus feito homem. Diz o Bem-aventurado Tiago Alberione: "O sim da Anunciação constitui o primeiro ato do apostolado de Maria: introduz Deus Salvador no mundo. Que apostolado! Desde então a vida de Maria pode se intitular: Atos do apostolado de Maria".

Maria Rainha dos Apóstolos é proposta pelo Bem-aventurado Tiago Alberione como mediadora de graças: ela intercede, guia, consola e conforta com a sua proteção os apóstolos de hoje e de todos os tempos.

Maria é "modelo da Igreja que gera Cristo no coração das pessoas com a Palavra e os sacramentos" (cf. *Lumen Gentium*, nn. 64-65).

Preces

Rezemos a Deus Pai, que quis associar a seu Filho Jesus a Virgem Maria, como exemplo e mãe dos apóstolos. Escutai-nos, Senhor, e por intercessão de Maria, concedei-nos:

- pela Igreja, que somos nós, que vivamos sempre o "sim" de Maria à Palavra de Deus;
- por todos os chamados ao apostolado – sacerdotes, religiosas e leigos –, que nas dificuldades se sintam sempre assistidos por Maria;
- por todos aqueles que trabalham a serviço do Evangelho, que sejam cheios do Espírito Santo, como os apóstolos reunidos com Maria no cenáculo;
- pelo mundo inteiro, que a devoção a Maria apresse em todas as culturas o advento do reino de Jesus Mestre, Caminho, Verdade e Vida.

Oração

Ó Maria Imaculada, corredentora do gênero humano! Olhai para os homens, libertados pelo sangue do vosso divino Filho, e ainda envolvidos pelas trevas de tantos erros e no lodaçal dos vícios! "A messe é grande, mas os operários são poucos."

Tende compaixão, ó Maria, dos filhos que Jesus vos confiou ao morrer na cruz! Multiplicai as vocações religiosas e sacerdotais. Dai-nos novos apóstolos, cheios de sabedoria e de fervor. Com vossos cuidados de Mãe, sede o apoio daqueles que consagram sua vida ao bem do próximo. Recordai o que fizestes por Jesus e pelo apóstolo João, e as vossas insistentes preces ao Senhor, para que enviasse o Espírito Santo aos apóstolos. Fostes a conselheira dos primeiros apóstolos e dos apóstolos de todos os tempos! Com a vossa onipotência suplicante, renovai o divino Pentecostes sobre os chamados ao apostolado. Santificai-os, intensificai sua capacidade de amar e de doar-se, pela glória de Deus e a salvação dos homens! Guiai-os em todos os seus passos! Enriquecei-os de graças, dai-lhes coragem nos momentos de desânimo! E que sua dedicação apostólica seja compensada com frutos abundantes.

Ouvi-nos, ó Maria, para que todos os homens acolham o Divino Mestre, Caminho, Verdade e Vida, e cheguem à unidade da fé na sua Igreja! Por toda a terra ressoem os vossos louvores! E todos vos venerem como Mãe, Mestra e Rainha! E assim, possamos todos chegar à bem-aventurança eterna. Amém.

(Bem-aventurado Tiago Alberione, fundador da Família Paulina)

Dia 9

Nossa Senhora da Piedade
Padroeira de Minas Gerais

História

Nossa Senhora da Piedade é aquela que, recebendo o Divino Filho em seus braços, depois de sua morte na cruz, levou-o com os fiéis discípulos e piedosas mulheres até o sepulcro.

Esse tema é sempre muito procurado pela arte cristã, que encontra nos episódios da vida de Jesus e de sua Santíssima Mãe motivos de inspiração.

O culto a Nossa Senhora da Piedade deve ter chegado ao estado de Minas Gerais através dos bandeirantes, que transitavam entre Rio de Janeiro e São Paulo e subiam a serra da Mantiqueira à procura dos veios auríferos nos Campos dos Goytacazes.

Provavelmente o primeiro santuário de Nossa Senhora da Piedade, em Minas Gerais, tenha sido o de Barbacena, onde era venerada uma imagem da Virgem trazida de Portugal e cuja matriz foi consagrada em 1748. Daí a devoção se espalhou, indo localizar-se principalmente na Serra da Piedade.

Segundo a tradição, esse santuário deve-se às perseguições que o Marquês de Pombal moveu contra os jesuítas e várias famílias nobres da Lusitânia. Entre os fugitivos da vingança do ministro de D. José I encontrava-se o arquiteto Antônio da Silva Bracarena, que prometera a Virgem Santíssima construir-lhe uma igreja, se ficasse livre. Sua decisão tornou-se mais forte quando soube de um estranho fato acontecido naquele local, alguns anos antes. Uma menina muda avistou por várias vezes, no alto da montanha, a Virgem Maria trazendo nos braços o seu Divino Filho morto, e após estas visões começou a falar corretamente.

A construção da capela foi muito demorada, tendo terminado somente em 1770, com o auxílio do povo. E desde essa época a serra passou a ser denominada Serra da Piedade. Após a morte de Bracarena, vários ermitões o sucederam, continuando a zelar pela Senhora da Piedade. Apesar disto, a igreja chegou a ameaçar ruir, mas, devido à intercessão do cardeal Dom Carlos Carmelo de Vasconcelos Mota, o Patrimônio Histórico e Artístico Nacional resolveu restaurar a tradicional capela, que foi entregue aos cuidados dos frades dominicanos.

Nossa Senhora da Piedade já era considerada protetora de todos os mineiros, quando em 1958 foi proclamada, pelo Papa João XXIII, padroeira de Minas Gerais. Sua consagração oficial como padroeira do Estado, porém, deu-se em 31 de julho de 1960, na Praça da Liberdade, em Belo Horizonte, com a presença de autoridades civis, militares e religiosas.

Bebendo na fonte

"Junto à cruz de Jesus estavam de pé sua mãe e a irmã de sua mãe, Maria de Cléofas, e Maria Madalena. Jesus, ao ver sua mãe e, ao lado dela, o discípulo que ele amava, disse à mãe: 'Mulher, eis o teu filho!'. Depois disse ao discípulo: 'Eis a tua mãe!'. A partir daquela hora, o discípulo a acolheu no que era seu" (Jo 19,25-27).

Reflexão

"Cristo, nos dias de sua vida terrestre, dirigiu preces e súplicas, com forte clamor e lágrimas, àquele que tinha poder de salvá-lo da morte. E foi atendido, por causa de sua piedade. Mesmo sendo Filho, aprendeu o que significa a obediência, por aquilo que ele sofreu. Mas, quando levou a termo sua vida, tornou-se causa de salvação eterna para todos os que lhe obedecem" (Hb 5,7-9).

"Simeão os abençoou e disse a Maria, a mãe: 'Este menino será causa de queda e de reerguimento para muitos em Israel. Ele será um sinal de contradição — e a ti, uma espada traspassará tua alma! — e assim serão revelados os pensamentos de muitos corações'" (Lc 2,34-35).

O símbolo da cruz sacralizou, por séculos, todos os cantos da terra e todas as manifestações sociais e privadas. Hoje, corre o risco de ser varrido ou, pior, instrumentalizado por uma moda de consumo. É conveniente que este símbolo nos faça voltar aos verdadeiros "crucifixos" de sempre:

os pobres, os doentes, os anciãos, os explorados, as crianças abandonadas...

Feliz a Virgem Maria que, sem passar pela morte, mereceu, ao pé da cruz, ter a palma do martírio.

Preces

Rezemos, a fim de que todos os homens e as mulheres encontrem a alegria da salvação na cruz de nosso Senhor Jesus Cristo. Senhor, tende piedade de nós e escutai a nossa prece:

- por todos os fiéis, a fim de que manifestem em sua vida o sinal da cruz recebido no Batismo;
- pela paz no mundo, a fim de que a reconciliação, feita no sangue de Cristo, obtenha sua plena realização;
- pelos doentes, a fim de que participem da vitória de Cristo, como participam de seu sofrimento;
- pelos pais que sofrem com os desvios de seus filhos da fé e da moral cristã – por conviverem com uma pessoa irresponsável e dominada pelo vício –, ou porque têm seus filhos presos;
- por todas as crianças e os jovens, para que encontrem, em sua família e na Igreja, pais, sacerdotes, amigos verdadeiramente cristãos que os conduzam no caminho da fé;
- para que a nossa sociedade se conscientize e lute realmente contra a violência nas famílias, no trânsito, nos

círculos sociais, a qual vem destruindo, desviando do caminho e matando jovens, crianças e adolescentes.

Oração

Santíssima e Imaculada Virgem Maria, Mãe da Piedade, Padroeira e Senhora nossa, recorro à vossa proteção e a vós consagro minha vida de discípulo missionário.

Em vosso coração, Mãe compassiva, deposito agora, confiante, minhas súplicas e necessidades (*em silêncio fazer o pedido de graça*).

Alcançai-me o que vos peço; guardai-me na paz, livre de perigos e ciladas, comprometido com a justiça, exemplar na solidariedade, para que o mundo creia e se abra ao amor de Deus, Pai, Filho e Espírito Santo. Amém!

(*Dom Walmor Oliveira de Azevedo,
arcebispo metropolitano de Belo Horizonte*)

Dia 10

Nossa Senhora do Sorriso
Portadora da paz e da alegria

História

A devoção a Nossa Senhora do Sorriso está muito ligada a Santa Teresinha do Menino Jesus. O espírito de devoção filial para com Maria marcou a vida inteira dessa pequenina grande santa que fez de sua vida consagrada uma singular projeção missionária da Virgem Santíssima.

Na noite da Páscoa de 1883, crises de tremores atacaram Teresinha e duraram semanas. O médico da família diagnosticou uma profunda depressão motivada por frustração afetiva. A imaturidade emocional própria dessa idade não permitiu que ela assimilasse a perda das "duas mães" – sua mãe Zélia, que faleceu, e Paulina, sua irmã mais velha que entrara para o Carmelo.

Paulina, unida às demais carmelitas do Convento de Lisieux, intensificou as súplicas em oração a Nossa Senhora, para lhe obter a cura. Com essa intenção, seu pai Luís mandou celebrar uma novena de missas no santuário de Nossa Senhora das Vitórias de Paris, acompanhada por todos os parentes e amigos, enquanto ele e as outras filhas rezavam diante da imagem da Virgem colocada ao lado do leito da menina enferma.

> Mais tarde, no livro de sua autobiografia, *História de uma alma*, Santa Teresinha escreveu: No dia 13 de maio de 1883, festa de Pentecostes... do leito, virei meu olhar para a imagem de Nossa Senhora e... de repente, a Santíssima Virgem pareceu-me tão bonita que nunca vira algo semelhante, seu rosto exalava uma bondade e uma ternura inefáveis, mas o que calou fundo em minha alma foi o "sorriso encantador da Santíssima Virgem". Todas as minhas penas se foram naquele momento, duas grossas lágrimas jorraram das minhas pálpebras, eram lágrimas de pura alegria...

A essa imagem ela deu o título de "Virgem do Sorriso", e a invocação começou com seus familiares. Depois, ela levou a devoção para o Carmelo de Lisieux, onde ingressou aos quinze anos de idade. Finalmente, foi divulgada em todas as ordens carmelitas e se propagou no mundo.

Nossa Senhora do Sorriso, de Santa Teresinha, também é celebrada no dia 15 de agosto.

Bebendo na fonte

"Abriu-se o Santuário de Deus que está no céu e apareceu no Santuário a arca da sua Aliança. Houve relâmpagos, vozes, trovões, terremotos e uma grande tempestade de granizo. Então apareceu no céu um grande sinal: uma mulher vestida com o sol, tendo a lua debaixo dos pés e, sobre a cabeça, uma coroa de doze estrelas" (Ap 11,19–12,1).

Reflexão

"Não encontrando socorro nenhum na terra, a pobre Teresinha apelou para sua Mãe do Céu. Pedia-lhe de todo o coração que se compadecesse dela... De repente, a Santíssima Virgem pareceu-me bonita, tão bonita que nunca vira algo semelhante, seu rosto exalava uma bondade e uma ternura inefáveis, mas o que calou fundo em minha alma foi o 'sorriso encantador da Santíssima Virgem'. Todas as minhas penas se foram naquele momento, duas grossas lágrimas jorraram das minhas pálpebras e rolaram pelo meu rosto, eram lágrimas de pura alegria... Ah! pensei, a Santíssima Virgem sorriu para mim, estou feliz... [...] Fora por causa dela, das suas intensas orações, que eu tivera a graça do sorriso da Rainha dos Céus..." (Manuscrito A, 30v).

A depressão é uma doença universal e avassaladora; a síndrome do pânico, o comportamento compulsivo e muitas outras doenças psicossomáticas atacam impiedosamente o ser humano, mas elas não são mais fortes do que o sorriso e a bondade de nossa Mãe.

Ele há de transformar o deserto num jardim, e fontes do rochedo o Senhor fará brotar. Ali haverá júbilo e cantos de alegria.

Preces

Virgem Maria, Mãe do Sorriso, ensinai-nos a viver sempre na paz e na alegria cristãs! Peçamos a Trindade Santa que sejamos pessoas cheias do Espírito Santo, para irradiarmos sempre sua paz e alegria, e que Deus Pai nos conceda:

- que a Igreja de Jesus Cristo seja testemunha alegre do Cristo Ressuscitado;
- que os cristãos se deixem conduzir pela esperança da vida eterna prometida por Jesus;
- que as pessoas que carregam o peso das doenças psicossomáticas se deixem invadir pela fé que nos é dada no Batismo e alimentada pelos sacramentos do Perdão e da Eucaristia;
- que sejamos sempre portadores do sorriso sincero que consola e anima os desanimados.

Oração

Ó Maria, Mãe de Jesus e nossa, que com um claro sorriso vos dignastes consolar e curar da depressão vossa filha Santa Teresinha do Menino Jesus, devolvendo-lhe a alegria de viver e o sentido da sua existência em Cristo Ressuscitado.

Ó Virgem do Sorriso, olhai com maternal afeto para tantos filhos e filhas que sofrem com a depressão, os transtornos e as síndromes psiquiátricas e os males psicossomáticos. Maria, com vosso belo sorriso, não deixeis que as dificuldades da vida obscureçam nosso ânimo. Sabemos que só vosso filho Jesus pode satisfazer os anseios mais profundos do nosso coração.

Maria, mediante a luz que brota de vosso rosto, transparece a misericórdia de Deus. Que vosso olhar nos acaricie e nos convença de que Deus nos ama e nunca nos abandona. Que a vossa ternura renove em nós a autoestima, a confiança nas próprias capacidades, o interesse pelo futuro e o desejo de vivermos felizes. Que os familiares dos que sofrem com a depressão ajudem-nos no processo de cura, nunca os considerando farsantes da enfermidade com interesses de comodidade, mas sim que os valorizem, escutem, compreendam e animem.

Virgem do Sorriso, alcançai-nos de Jesus a verdadeira cura e livrai-nos de alívios temporários e ilusórios. Curados, comprometemo-nos a servir com alegria, disposição e entusiasmo Jesus, como discípulos missionários, com nosso testemunho de vida renovada. Amém.

Dia 11

Nossa Senhora do Bom Parto
A Virgem Negra de Paris

História

O título de Nossa Senhora do Bom Parto nasceu aos pés da imagem da Virgem Negra de Paris, venerada na antiga igreja Saint-Etienne-des-Grès, na capital francesa. Invocar a proteção da Mãe durante a gestação e o parto é o que toda família cristã sempre fez ao longo dos séculos.

Nos registros das primeiras igrejas cristãs, encontramos muitas indicações sobre estátuas e pinturas da Virgem Maria com a pele morena. Na Antiguidade, a cor preta, em símbolos religiosos, era sinal de fertilidade. Um sinal que a primitiva arte cristã manteve para invocar a fertilidade física e espiritual de Maria, Mãe de Deus e nossa.

A imagem de Maria da igreja de Paris foi esculpida em pedra negra e data do século XI. Considerada milagrosa, é diante dela que acorrem constantes peregrinações de devotos. Nossa Senhora do Bom Parto é especialmente invocada nas ocasiões de tragédias pessoais e públicas. Aos seus pés, o Padre Cláudio Poullart dês Places, junto com doze companheiros pobres, fundou, em 1703, a Congregação do Espírito Santo e do Imaculado Coração de Maria. A Congregação dos padres espiritanos cresceu rapidamente, e orar diante da Virgem Negra de Paris era sinal da primeira consagração.

Outras personalidades importantes foram rezar aos pés de Nossa Senhora do Bom Parto, em Paris. Dentre as quais: Domingos de Gusmão; Tomás de Aquino; Francisco de Sales, hoje Doutor da Igreja; Sofia Barrat; Vicente de Paulo, que colocou sob a proteção da Virgem Negra de Paris a sua grande obra de caridade e os seus institutos; e mais recentemente João Bosco.

Durante a Revolução Francesa, a igreja de Saint-Etienne-des-Grès foi saqueada e destruída. Mas a escultura da Virgem Negra foi vendida a uma piedosa cristã, que a escondeu muito bem. Mais tarde, ela a doou às irmãs enfermeiras da Congregação de São Tomas de Vilanova, as quais construíram uma capela nova para a veneração de Nossa Senhora do Bom Parto e, desse modo, asseguraram o culto e as constantes peregrinações dos fiéis.

Foram os missionários espiritanos que divulgaram o culto a Senhora do Bom Parto no mundo.

Bebendo na fonte

"A origem de Jesus Cristo foi assim: Maria, sua mãe, estava prometida em casamento a José e, antes de passarem a conviver, ela encontrou-se grávida pela ação do Espírito Santo. José, seu esposo, sendo justo e não querendo denunciá-la publicamente, pensou em despedi-la secretamente. Mas apareceu-lhe em sonho um anjo do Senhor, que lhe disse: 'José, Filho de Davi, não tenhas receio de receber Maria, tua esposa; o que nela foi gerado vem do Espírito Santo. Ela dará à luz um filho, e tu lhe porás o nome de Jesus, pois ele vai salvar o seu povo dos seus pecados'. Tudo isso aconteceu para se cumprir o que o Senhor tinha dito pelo profeta: 'Eis que a virgem ficará grávida e dará à luz um filho. Ele será chamado pelo nome de Emanuel, que significa: Deus-conosco'. Quando acordou, José fez conforme o anjo do Senhor tinha mandado e acolheu sua esposa" (Mt 1,18-24).

Reflexão

Uma virgem, permanecendo virgem, dá à luz um filho. Jesus é obra exclusiva de Deus e não dos homens, embora sua encarnação não aconteça sem a participação humana, expressa no "sim" de Maria. "Alegra-te, cheia de graça, o Senhor está contigo..." Ela recebeu com fé o anúncio do Anjo Gabriel e, à sombra do Espírito Santo, acolheu com amor, em seu seio puríssimo, aquele que, para nos salvar, quis nascer entre nós. "Eu sou a serva do Senhor; faça-se em mim segundo a vossa palavra."

Preces

Imploremos humildemente a bênção de Deus Pai, que manifestou a nós a sua misericórdia, enviando o seu Filho, como Salvador, através de Maria. Virgem Mãe, Nossa Senhora do Bom Parto, intercedei por nós:

- pelo bem de todas as pessoas e a paz da sociedade, para que haja mais justiça e caridade entre os cristãos;
- pelos pobres e perseguidos, para que resplandeça neles o caminho da salvação;
- para que sejamos sempre mensageiros da paz e da verdade, pessoas que fazem só o bem;
- por todas as mães gestantes em nossa comunidade, para que tenham saúde, tranquilidade durante a gravidez e um parto feliz;
- por todas as crianças abandonadas por suas mães, para que encontrem na sociedade quem as proteja e lhes dê a possibilidade de viver com dignidade;
- para que o Senhor, pela intercessão de nossa Mãe Maria, atenda clemente o nosso pedido (*fazer o pedido em silêncio*).

Oração

Ó Maria, Virgem Mãe Imaculada, Porta do Céu e Causa da nossa Alegria, respondendo com generosidade ao anúncio do arcanjo São Gabriel, vós pudestes dar curso ao plano de Deus para a nossa salvação. Vós fostes, pela Providência santíssima, desde toda a eternidade, constituída Vaso de Eleição e Morada digna do Verbo de Deus Encarnado. Pelo vosso "sim" e fidelidade ao Pai Celeste, o Espírito Santo teceu em vosso ventre Nosso Senhor e Salvador.

Ouvi nossa súplica, ó Mãe Santíssima. Vós que sois a "Onipotência Suplicante", olhai com carinho por todas as mães grávidas, para que tenham uma boa hora, e também pelas que passam por uma gestação delicada, pelas mães pobres e humilhadas na sociedade, pelas que são atormentadas pela ideia de abortar seus filhos e pelas que não podem ou não conseguem tê-los.

Consolai e recompensai todas as mães que geram filhos para Deus, instruindo-os na fé ou entregando-os para a vida sacerdotal e religiosa. Consolai e recompensai as mães idosas, doentes e, às vezes, maltratadas.

Nossa Senhora do Bom Parto, rogai por nós.

Dia 12

Nossa Senhora do Carmo
A Virgem do Escapulário

História

A festa de Nossa Senhora do Carmo prende-se intimamente à ordem carmelitana, cuja origem remonta aos tempos antigos. A Ordem dos Carmelitas tem por propósito especial o culto da Mãe de Deus, Maria Santíssima, e pretende ter origem nos tempos do profeta Elias. Santa Teresa, a grande santa da ordem carmelitana, reconhece no profeta Elias o fundador de tal ordem.

Segundo uma piedosa tradição, um grupo de homens, devotos dos santos profetas Elias e Eliseu, abraçou o Cristianismo e erigiu no Monte Carmelo um santuário a Santíssima Virgem, no mesmo lugar onde Elias vira aparecer uma nuvenzinha, anunciadora da fecundidade da Mãe de Deus. Adotaram eles o nome de Irmãos da Bem-Aventurada Maria do Monte Carmelo.

No século XII, o calabrês Bertoldo, com alguns companheiros, se estabeleceu no Monte Carmelo. Em 1209, receberam uma regra rigorosíssima, aprovada pelo Patriarca de Jerusalém – Alberto. Na mesma época, vivia no condado de

Kent um eremita que, havia vinte anos, habitava na solidão, tendo por residência o tronco oco de uma árvore. O nome desse eremita era Simão Stock. Atraído pela vida mortificada dos carmelitas recém-chegados, como também pela devoção mariana que cultivavam, pediu admissão como noviço na Ordem de Nossa Senhora do Carmo. Sendo devotíssimo de Maria Santíssima, desejava obter da Rainha celestial um penhor visível de sua benevolência e maternal proteção. Em 16 de julho de 1251, enquanto estava em fervorosa oração para renovar seu pedido, Nossa Senhora se dignou aparecer-lhe e lhe entregou um escapulário.

Bebendo na fonte

"Junto à cruz de Jesus estavam de pé sua mãe e a irmã de sua mãe, Maria de Cléofas, e Maria Madalena. Jesus, ao ver sua mãe e, ao lado dela, o discípulo que ele amava, disse à mãe: 'Mulher, eis o teu filho!'. Depois disse ao discípulo: 'Eis a tua mãe!'. A partir daquela hora, o discípulo a acolheu no que era seu" (Jo 19,25-27).

Reflexão

O monte Carmelo, na Palestina, é cantado na Bíblia por sua beleza. Sobre este monte o profeta Elias defendera a pureza da fé israelita no Deus vivo.

No século XII, alguns eremitas, retirados nessa montanha, lá fundaram a Ordem dos Carmelitas, voltada à contemplação, sob o patrocínio da santa Mãe de Deus. E segundo suas tradições, São Simão Stock, primeiro superior-geral da ordem, recebeu das mãos de Maria o escapulário, com a promessa da salvação eterna para seus devotos.

O escapulário teve uma grande aceitação entre todo o povo católico. Nesse sentido, só é comparável ao rosário. Como o rosário, também o escapulário tem sido agredido com todas as armas da impiedade, da malícia, do escárnio e do ódio. Mas também tem experimentado o efeito poderosíssimo da proteção de Maria.

Salve, ó Santa Mãe de Deus, que destes à luz o Rei que governa o céu e a terra pelos séculos eternos.

Preces

Elevemos a Jesus Bom Pastor, nascido de Maria Virgem, nosso louvor e nossa súplica. Venha, ó Deus, em nosso auxílio! Pela gloriosa intercessão de Nossa Senhora do Carmo, nós vos pedimos:

- pela Igreja, comunidade dos discípulos de Jesus, para que siga seu Mestre na pobreza e no amor a todos os homens e mulheres, até o dom de si;
- por todos os religiosos e religiosas, para que sejam fiéis a Cristo e fervorosos em sua missão específica;
- pelos doentes e todos os que sofrem, para que a fé os sustente no sofrimento e façam deste um apelo a seguir Jesus, levando a cruz com amor;
- por todos os devotos de Nossa Senhora do Carmo, por aqueles que carregam com fé seu escapulário e

por cada um de nós, para que sejamos fiéis no seguimento de Cristo e alcancemos a graça de que mais necessitamos neste momento.

Oração

Ó Senhora do Carmo, revestido de vosso escapulário, eu vos peço que ele seja para mim sinal de vossa maternal proteção, em todas as necessidades, nos perigos e nas aflições da vida. Acompanhai-me com vossa intercessão, para que eu possa crescer na fé, esperança e caridade, seguindo a Jesus e praticando sua Palavra.

Ajudai-me, ó mãe querida, para que, levando com devoção vosso santo escapulário, eu mereça a felicidade de morrer piedosamente com ele, na graça de Deus e, assim, alcançar a vida eterna. Concedei-me vossas graças, Virgem do Carmo, pois levo com fé, noite e dia, o santo escapulário. Amém.

Dia 13

Nossa Senhora da Cabeça
Mãe dos Combatentes

História

De origem espanhola, a devoção a Nossa Senhora da Cabeça teve início na Andaluzia, mais precisamente na Serra Morena, onde se encontra o Pico da Cabeça. O pastor Juan de Rivas, depois de participar das guerras entre os mouros e os reis de Castela, mutilado e sem poder carregar armas, retirou-se para Serra Morena a fim de apascentar um pequeno rebanho de sua propriedade.

No dia 12 de agosto de 1227, por volta da meia-noite, ouviu, em meio a fortes luzes que iluminavam o monte da Cabeça, o som aprazível de uma campainha. Vencido o temor, aproximou-se do monte e viu, no meio de uma fogueira, a Virgem Maria. A esplendorosa Senhora lhe pediu que fosse à cidade de Andújar e dissesse a todos que era vontade de Deus que ali se construísse um templo. Juan prometeu cumprir o que era pedido, mas se mostrou inseguro: não acreditariam nele. Entendendo seus temores, a Virgem restituiu-lhe o braço perdido. Tal prodígio serviria de prova contra aqueles que duvidassem da veracidade de suas palavras.

Sem conter a alegria, ele dirigiu-se ao povoado para contar o prodígio. A população delirante foi ao monte para ver a imagem. Nossa Senhora da Cabeça foi proclamada padroeira da vila e, com a ajuda de cidades vizinhas, construíram um belo santuário no lugar da aparição.

Conta a tradição que alguns soldados procedentes de Andújar levavam sob sua proteção uma imagem da Virgem da Cabeça. Quando passaram na vila de Casas Ibáñez, os soldados pediram abrigo para si e para a imagem. A população os acolheu. Uma vez restabelecidos, prosseguiram viagem. Com o objetivo de agradecer a hospitalidade, deixaram a imagem na casa de algumas daquelas famílias que foram tão receptivas. Esse povo, sensibilizado com o presente e agradecido pelos favores que começaram a ser concedidos pela Virgem, resolveu construir-lhe também uma ermida.

Dessa forma, a imagem passou a ser propriedade de todos e seu culto se espalhou por todos os países católicos. Aqui no Brasil, ela costuma ser invocada para males que atacam o cérebro. Os fiéis que padecem de cefaleia e as mães de filhos com problemas escolares a ela recorrem em busca de ajuda.

Bebendo na fonte

"'O Espírito Santo descerá sobre ti, e o poder do Altíssimo te cobrirá com a sua sombra. Por isso, aquele que vai nascer será chamado santo, Filho de Deus. Também Isabel, tua parenta, concebeu um filho na sua velhice. Este já é o sexto mês daquela que era chamada estéril, pois para Deus nada é impossível'. Maria disse: 'Eis aqui a serva do Senhor! Faça-se em mim segundo a tua palavra'. E o anjo retirou-se" (Lc 1,35-38).

Reflexão

Quis o Pai das misericórdias que a encarnação fosse precedida pela aceitação de Maria, a mulher predestinada a ser a Mãe do Filho de Deus. O "sim" obediente de Maria reparou o pecado de Eva que contribuiu para a morte, e assim nos deu novamente a vida: o Cristo, que domina toda a terra, que pacificou o céu e a terra com o seu sangue derramado na cruz (cf. Cl 1,20).

Maria não foi instrumento passivo nas mãos de Deus, mas cooperou na salvação da humanidade "com fé livre e obediência", nos diz a *Lumen Gentium*. A Virgem Maria está intimamente vinculada à história da nossa salvação: "O simples nome da Mãe de Deus", escreveu São João Damasceno, "já contém em si todo o mistério da salvação".

Jesus Cristo veio a nós por meio de Maria, e é através dela que o recebemos. Jesus, embora Filho de Deus, é também homem como nós, é nosso irmão, graças ao ministério materno de Maria.

Preces

Elevemos a Deus nossas preces, pelas mãos de Maria, Nossa Senhora da Cabeça, Mãe amável. Escutai nossa prece, ó Maria:

- para que o Senhor, por vossa bondade e intercessão, faça voltar ao fervor da Igreja primitiva todo o povo de Deus;
- pelos doentes, particularmente por aqueles que sofrem de males na cabeça, para que encontrem sempre a compreensão de quem os rodeia e os remédios de que necessitam para viver dignamente;
- para que os esposos recebam sempre com alegria e amor os filhos que Deus lhes envia;
- para que nos alcance de vosso Filho a graça de que tanto necessitamos e que vos pedimos neste momento.

Oração

Eis-me aqui, prostrado aos vossos pés, ó Mãe do céu e Senhora nossa! Tocai o meu coração a fim de que deteste sempre o pecado e ame a vida austera e cristã que exiges dos vossos devotos. Tende piedade das minhas misérias espirituais!

Mãe terníssima, não vos esqueçais também das misérias que afligem o meu corpo e enchem de amargura a minha vida terrena. Dai-me saúde e forças para vencer todas as dificuldades que me opõe o mundo. Não permitais que a minha pobre cabeça seja atormentada por males que me perturbem a tranquilidade da vida.

Pelos merecimentos de vosso divino Filho, Jesus Cristo, e pelo amor a que ele consagrais, alcançai-me a graça que agora vos peço (*pede-se a graça que se deseja obter*). Aí tendes, ó Mãe poderosa, a minha humilde súplica. Se quiserdes, e se for para a maior glória do Pai, ela será atendida.

Nossa Senhora da Cabeça, rogai por nós.

Dia 14

Nossa Senhora da Boa Morte
Porta do Paraíso

História

A devoção a Nossa Senhora da Boa Morte chegou aos cristãos do Ocidente, através da tradição cristã do Oriente, sob o título de "Dormição da Assunta". Talvez esse seja o culto mariano mais antigo, iniciado logo nos primeiros séculos do Cristianismo. No século VII, o imperador Maurício prescreveu que essa festa mariana fosse celebrada, em todos os seus domínios, como uma das mais importantes. E finalmente, o Papa Sérgio I a introduziu na liturgia de Roma.

Desse modo, o culto "Dormição da Assunta" ou "Dormição da Mãe de Deus" alcançou toda a Igreja, tanto do Oriente quanto do Ocidente, sendo que a do Oriente dedicou-se ao culto da devoção da Mãe de Deus, até por ser a mais primitiva.

Nessa época do período bizantino, os lugares sagrados – marcados pelos acontecimentos da revelação do mistério de Deus – ficavam conservados dentro de magníficos templos cobertos de ícones. E muitas igrejas cobertas com esses ícones sagrados foram erguidas em todas as regiões. Mas as pinturas não tinham por objetivo adornar o templo, e sim representar os símbolos sagrados da Igreja e descrever o Evangelho. Assim, uma grande profusão de ícones invadiu a Igreja do Ocidente, especialmente os da Mãe de Deus.

Venerar a Boa Morte de Nossa Senhora sempre foi uma grande festa para os cristãos. Ela é a premissa da glorificação do corpo e da alma, assegurada por Cristo no final dos tempos. Antigamente, o culto iniciava-se na véspera, com a deposição da imagem da Virgem "dormente" num esquife, que ficava exposta à visita dos fiéis até a manhã da festa. Depois era retirada e colocava-se a imagem triunfal de Nossa Senhora da Assunção. Em algumas localidades essa tradição se manteve, inclusive na América, que herdou o culto dos missionários espanhóis e portugueses.

O dogma da Assunção de Maria só foi proclamado pelo Papa Pio XII em 1950, como consequência lógica de intensos estudos históricos e teológicos patrocinados pela Igreja ao longo desses séculos. Ele apenas coroou uma fé que sempre foi professada universalmente por todo o povo de Deus.

Os anjos se alegram pela Assunção de Maria aos céus e dão glória ao Filho de Deus.

Bebendo na fonte

"Cristo ressuscitou dos mortos como primícias dos que morreram. Com efeito, por um homem veio a morte e é também por um homem que vem a ressurreição dos mortos. Como em Adão todos morrem, assim em Cristo todos serão vivificados. Cada qual, porém, na sua própria categoria: como primícias, Cristo; depois, os que pertencem a Cristo, por ocasião da sua vinda. A seguir, será o fim, quando ele entregar a realeza a seu Deus e Pai, depois de destruir todo principado e toda autoridade e poder. Pois é preciso que ele reine, até que Deus ponha todos os seus inimigos debaixo de seus pés. O último inimigo a ser destruído é a morte" (1Cor 15,20-26).

Reflexão

Não sabemos como e quando se deu a morte de Maria, desde muito cedo festejada como "dormição". A Igreja celebra em Nossa Senhora a realização do Mistério Pascal. Sendo Maria, "a cheia de graça", sem sombra alguma de pecado, quis o Pai associá-la à ressurreição de Jesus.

Maria, glorificada na Assunção, é a criatura que atingiu a plenitude da salvação, até a transfiguração de seu corpo. É a mulher vestida de sol e coroada de doze estrelas. É a Mãe que nos espera, convida e assiste, na vida e na morte, no caminho para o Reino de Deus. Maria assunta ao céu é garantia de salvação para nós e de que também nossos corpos um dia ressurgirão com Cristo.

Com seu "sim", Maria fez com que seu tempo fosse tempo de salvação para todos os homens e mulheres. Mediante o nosso "sim" a Deus, façamos com que também o nosso tempo se torne salvação para muitos e para nós.

Preces

Santa Maria, Mãe de Deus, rogai por nós pecadores, agora e na hora da nossa morte! Dirijamos nossas preces a Deus, através da Virgem Maria, nossa companheira na vida e na hora de nossa morte:

- pela Igreja peregrinante na terra, para que admire e exalte em Maria aquilo que deseja e espera conseguir;
- para que em todos os hospitais e casas de saúde se cuide com respeito e responsabilidade do corpo das pessoas doentes e que um dia deverão ser glorificados no céu;
- para que em nossas comunidades todos recebam mais frequentemente e preparados pelo sacramento do perdão, a Eucaristia, penhor da nossa glorificação em corpo e alma;
- por todos os agonizantes deste dia, por todos os nossos familiares e amigos, e para que na hora de nossa morte sejamos assistidos por Maria, Mãe da Boa Morte.

Oração

Maria, nossa querida Mãe, porta do céu, fonte de paz e alegria, auxílio dos cristãos, confiança dos agonizantes, esperança dos desesperados. Embora me reconheça pecador, uno-me aos santos para vos louvar e bendizer. A predileção onipotente de Deus Pai vos elevou ao paraíso toda bela e imortal, onde vos contemplo glorificada.

Maria, a vós me consagro e por vós a Jesus. Concedei-me espírito de penitência, completa conversão e a graça de uma santa morte. Nesse momento, diante de Deus, dos anjos e santos, renovo conscientemente as promessas do Batismo.

Maria, ajudai-me a me libertar do egoísmo. Sou pecador, sendo assim transformai-me num grande santo; isto é para vós a maior glória. Maria, refúgio dos pecadores, estrela da manhã, consoladora dos aflitos. Amém.

(Bem-aventurado Tiago Alberione,
fundador da Família Paulina)

Dia 15

Nossa Senhora da Imaculada Conceição
Concebida sem pecado

História

Com as palavras "Maria concebida sem pecado", confessamos que Maria, por uma exceção especial, em virtude dos futuros merecimentos de Cristo, desde o primeiro instante de sua vida ficou isenta do pecado original e foi revestida da graça santificante. Isso não é algo que acontece com as outras criaturas humanas. Desde o princípio da nossa existência, carecemos da graça santificante.

O mistério da Imaculada Conceição é de suma importância para nós. É uma glória para Deus, para a Santíssima Trindade. O Pai é a majestade, a autoridade sem par, criadora, vivificadora, legisladora e governadora. Este poder, porém, consiste não só em ditar leis e aplicar castigos, como também em isentar da lei e agraciar, quando e da maneira que lhe apraz. O Filho é a sabedoria e a redenção. O sangue de Cristo é o remédio contra a morte por causa do pecado. De todos os homens ele tira o pecado, extingue-o e restabelece o estado da graça. Em Maria, porém, produziu um efeito extraordinário desde o princípio.

A Imaculada Conceição é, portanto, o fruto mais nobre e grandioso da morte do Salvador, como também prova do grande amor de Jesus a sua Mãe.

O Espírito Santo é a bondade, o amor e a generosidade de Deus em distribuir bens naturais e sobrenaturais. Na Imaculada Conceição este Divino Espírito manifesta uma bondade inesgotável, enriquecendo-a de dons e graças divinas.

Dessa forma, o mistério da Imaculada Conceição constitui uma glorificação da SS. Trindade. O poder de Maria Santíssima tem o seu fundamento na sua Imaculada Conceição: o nascimento virginal do Salvador, a integridade perfeita e a incorruptibilidade do corpo, a ressurreição e assunção antes do dia do juízo e da consumação dos séculos.

O mistério da Imaculada Conceição é de suma importância para nós, para a Igreja, para o mundo inteiro. Sua solene proclamação como dogma, em 1854, foi um progresso, um novo elo na evolução da nossa fé. No mistério dela descobrimos um penhor da graça e de bênçãos divinas para o nosso mundo contemporâneo, marcado por pecados numerosos e graves: impiedade, dissolução de costumes, revolta contra Deus e a autoridade legitimamente estabelecida, corrupção, injustiça, perseguição contra a Igreja. Ela é, para nós, o penhor da esperança, da consolação, do conforto e da vitória, como o tem sido para a humanidade desde o princípio da sua existência.

Bebendo na fonte

"Bendito seja o Deus e Pai de nosso Senhor Jesus Cristo, que nos abençoou com toda a bênção espiritual nos céus, em Cristo. Nele, Deus nos escolheu, antes da fundação do mundo, para sermos santos e íntegros diante dele, no amor. Conforme o desígnio benevolente de sua vontade, ele nos predestinou à adoção como filhos, por obra de Jesus Cristo, para o louvor de sua graça gloriosa, com que nos agraciou no seu bem-amado" (Ef 1,3-6).

Reflexão

"Aquele que disse ser necessário o Batismo, o renascimento da água e do Espírito Santo, disse também: 'Se vossa justiça não for maior que a dos fariseus e dos escribas, não entrareis no reino dos céus!'" (Santo Agostinho).

Somos todos queridos e amados por Deus, e cada um de nós tem seu lugar inconfundível na humanidade, onde somos chamados a amar a Deus sobre todas as coisas e a fazer o bem a todos.

O "sim" de Maria foi mantido em toda a sua vida até o Calvário, onde ofereceu Cristo que se entregava para nossa salvação. Maria nos ensina que entrar no mistério de Cristo, querer assumir com ele a salvação de todos, é colocar-se a "serviço" dos outros. Escolhida para ser Mãe do Filho de Deus, Maria declara-se "serva". Todas as nações cantam as vossas glórias, ó Maria; por vós veio ao mundo o sol da justiça, o Cristo nosso Deus.

Preces

Enquanto proclamamos as maravilhas que Deus realizou em Maria, proclamamos nossa fé no Deus todo-poderoso. Ó Maria, concebida sem pecado, rogai por nós que recorremos a vós:

- pela Igreja, esposa do Filho de Deus encarnado, para que se manifeste cada vez mais santa e imaculada;
- pela pureza dos costumes, para que se extinga a corrupção entre os cristãos, para que a juventude seja casta e cresça em santidade;
- por todos os que sofrem e choram neste vale de lágrimas, para que a Virgem Imaculada volte para eles o seu olhar misericordioso.

Oração

Virgem Imaculada, refúgio dos pecadores, concebida sem pecado original. Pelas vossas humildes orações, que sempre comovem o coração de Deus, alcançai-me a graça de compreender o valor da pessoa humana, que Jesus salvou à custa de seu sangue, na cruz.

Que cada um de nós possa viver intensamente o dom de ser chamado, no Batismo, a participar da missão de Jesus. O amor de Cristo nos impulsione. Sejamos sensíveis aos apelos de nossos irmãos que sofrem. Sintamos em nosso íntimo as necessidades da infância e da juventude, da idade madura e da velhice. O espírito missionário nos anime.

Que as necessidades de todos os povos e nações nos sensibilizem profundamente. E que o apostolado do testemunho cristão, da palavra, da oração, de todos os meios de comunicação e das redes sociais desperte corações generosos para a renúncia de tudo, até a entrega total da própria vida.

Enviai boas e santas vocações para as congregações religiosas, para toda a Igreja de vosso Filho, Maria.

Escutai a nossa prece, ó Maria, vós que fostes concebida sem pecado original e que dedicastes generosamente a vossa vida ao serviço do Reino de Deus Pai. Amém.

(Cf. Bem-aventurado Tiago Alberione,
A Família Paulina em oração)

Dia 16

Nossa Senhora da Salete
A Virgem que chorou

História

Em 19 de setembro de 1846, Maria se manifestou de maneira muito singela e determinada a Maximino Giraud e Mélanie Calvat – respectivamente de onze e quinze anos –, pastores que cuidavam de alguns rebanhos que pastavam nas montanhas dos Alpes franceses, em La Salette.

Era por volta de 3 horas da tarde, quando os dois pastorzinhos, de educação muito limitada, descendo a montanha, viram uma luz resplandecente e uma bela mulher vestida estranhamente, falando alternadamente em francês e num dialeto da região. Ela estava sentada sobre uma pedra e, segundo narram as crianças, a *Bela Senhora*, como a chamavam, alta e cheia de luz, estava triste e chorando. Quando se aproximaram da aparição, ela pôs-se de pé e disse: "Vinde, meus filhos, não tenhais medo; estou aqui para vos contar uma grande novidade!". E continuou: "Se meu povo não se converter, sou forçada a deixar cair o braço de meu Filho. É tão forte e tão pesado, que não o posso mais sustentar erguido... Se se converterem, as pedras e os rochedos se transformarão em montões de trigo, e as batatinhas serão semeadas nos roçados...". E concluiu: "Pois bem, meus filhos, transmiti isso a meu povo".

Muitos outros pedidos, previsões e profecias fez a Mãe de Deus nas suas aparições a Mélanie e Maximino, e que foram sendo revelados aos poucos às autoridades eclesiásticas da região, inclusive a respeito do estabelecimento de uma congregação religiosa de padres, irmãos e irmãs, para a qual a Senhora ditou também as regras que deviam seguir em sua vida de espiritualidade e missão. Isso teve como resultado a fundação de diversas congregações inspiradas em La Salette, entre elas a dos missionários e das irmãs de Nossa Senhora da Salete, que se dedicam a propagar a mensagem da reconciliação.

Nossa Senhora da Salete é invocada como reconciliadora dos pecadores, e sua festa é celebrada em 19 de setembro, data que recorda sua primeira aparição. Sua mensagem, bastante longa e precisa, pode ser resumida nestas simples palavras: "Se vocês não buscarem o céu, perderão também a terra".

Bebendo na fonte

"Deus disse: 'Honra pai e mãe', e também: 'Quem insulta pai ou mãe deve morrer'. Vós, porém, ensinais: 'Quem disser a seu pai ou a sua mãe: a ajuda que poderíeis receber de mim é para oferenda, esse não precisa honrar pai ou mãe'. Desse modo, anulastes o mandamento de Deus em nome de vossa tradição. Hipócritas! O profeta Isaías profetizou bem a vosso respeito: 'Este povo me honra com os lábios, mas o seu coração está longe de mim'" (Mt 15,4-9).

Reflexão

Palavras do Papa João Paulo II sobre Nossa Senhora da Salete: "Neste lugar, Maria, a mãe sempre amorosa, mostrou sua dor pelo mal moral causado pela humanidade. Suas lágrimas nos ajudam a entender a gravidade do pecado e a rejeição a Deus, enquanto manifestam ao mesmo tempo a apaixonada fidelidade que seu Filho mantém com relação a cada pessoa, embora seu amor redentor esteja marcado com as feridas da traição e do abandono dos homens".

Maria, Mãe de Jesus e Mãe nossa, irradia a luz da ressurreição. O brilho de seu rosto é tal, que Maximino é incapaz de olhar para ela o tempo todo, e Mélanie se deslumbra com sua presença. Suas vestes, como as de Cristo na montanha no dia da Transfiguração, igualmente resplendecem de luz. A luz provém do grande crucifixo que tem sobre o peito. Maria Santíssima continua levando a cabo a missão que recebeu ao pé da cruz: tomar nosso sofrimento e nossa dor, para nos dar vida na fé.

A Virgem Maria chora sobre seu povo. "Manifestando a força de seu braço, dispersa os homens de coração orgulhoso e exalta os humildes." Cabe a nós escolher! Se recusarmos seguir seu Filho, Maria nada pode fazer por nós... a não ser chorar para nos convencer de nosso pecado.

Preces

Apresentemos a Deus os nossos pedidos, agradecendo a Deus porque nos deu Maria como Mãe e nossa intercessora amantíssima. Nossa Senhora da Salete, intercedei por nós:

- pela conversão dos pecadores;
- pela recuperação das pessoas – jovens e adultos – entregues ao mundo do vício;
- pelas necessidades mais urgentes de nossas famílias;
- pelo papa, pelos bispos e por todos os sacerdotes de nossa Igreja;
- por todas as pessoas doentes;
- em reparação a todos os pecados cometidos no mundo por causa dos meios de comunicação social;
- por todas as crianças e jovens que buscam, mas nem sempre por caminhos certos, o rosto do Deus verdadeiro;
- por todas aquelas pessoas que se recomendaram à nossa oração.

Oração

Virgem da Salete, olhai para vosso povo tão frequentemente infiel. Não permitais que se percam as sementes do bem que germinam no coração e na mente dos homens e povos. Que o Espírito Santo cure, eleve e complete em nós, nossos esforços vacilantes, para a liberdade, a justiça e a unidade. Mãe da Igreja, atrai-nos para vosso Filho

Ressuscitado, fazei-nos viver de seu Espírito, para a glória do Pai e a felicidade de todos. Desde agora e para sempre. Amém (*rezar o Pai-Nosso e a Ave-Maria*).

Dia 17

Nossa Senhora do Perpétuo Socorro
A Virgem da Paixão

História[1]

Nossa Senhora do Perpétuo Socorro é um título conferido a Maria, Mãe de Jesus, que é representada em um ícone pintado por um artista desconhecido e venerada na Ilha de Creta, na Grécia, em fins do século XIV.

A pintura, em estilo bizantino muito antigo, representa Maria como a Senhora das Dores que socorre seu Filho. À sua esquerda está São Miguel, com o vaso de vinagre, a esponja e a lança. À direita, São Gabriel, com a cruz. O Menino Jesus, apavorado com os instrumentos de sua Paixão, está agarrado às mãos de Maria, que tem o semblante coberto de tristeza e resignação e traz na cabeça a coroa de rainha.

Diante da ameaça de invasão dos muçulmanos, um comerciante da ilha levou o quadro para Roma, para a capela

---

[1] Cf. Padre Nelson Antonio, cssr. *Novena Nossa Senhora do Perpétuo Socorro*; origem da devoção. Campos dos Goytacazes, 2010.

de São Mateus, onde os fiéis podiam venerá-lo. O quadro permaneceu nessa igreja por mais de três séculos, até a ocupação de Roma pelas tropas de Napoleão Bonaparte, em 1798, quando foi destruída por um incêndio criminoso.

A pintura de Maria ficou desaparecida por vários anos nos escombros da igreja e, quando foi descoberta, o Papa Pio IX confiou-a aos missionários redentoristas, dizendo-lhes: "Fazei com que todo o mundo conheça o ícone de Nossa Senhora do Perpétuo Socorro".

O quadro foi exposto e permanece ainda hoje na igreja dedicada ao grande devoto de Nossa Senhora, o cantor de suas glórias, Santo Afonso. Foi só a partir de 1870, entretanto, que os missionários redentoristas começaram a propagar esta devoção pelo mundo, que se espalhou para toda a América, a partir da Ilha de Haiti.

A devoção à novena perpétua teve início no dia 11 de julho de 1922, na igreja de Santo Afonso, em St. Louis, nos Estados Unidos.

Sua festa é comemorada em 27 de junho.

Bebendo na fonte

"Um leproso aproximou-se de Jesus e, de joelhos, suplicava-lhe: 'Se queres, tens o poder de purificar-me!'. Jesus encheu-se de compaixão, e estendendo a mão sobre ele, o tocou dizendo: 'Eu quero, fica purificado'. Imediatamente a lepra desapareceu e ele ficou purificado" (Mc 1,40-42).

Reflexão

Maria é a primeira discípula interlocutora do Pai no mistério do projeto de Deus, revelado em Jesus Cristo. Como Mãe de Cristo e, depois, dos discípulos, viveu sua peregrinação na fé em busca constante do projeto do Pai em Jesus e na comunidade. Nela se realiza a esperança dos pobres pela encarnação de Cristo e o desejo da salvação. Chamada carinhosamente de Mãe do Perpétuo Socorro, ensina o primado da escuta da Palavra de Deus na vida do discípulo missionário. Ela interiorizou a Palavra e a fez referência constante em sua vida. É exemplo das virtudes do discípulo: atenção, serviço, entrega, gratuidade, amor aos pobres, partilha, solidariedade.[2]

"Louvada, amada, invocada, eternamente bendita sejais, ó Senhora do Perpétuo Socorro, minha esperança, minha mãe, minha felicidade e minha vida. Assim seja" (Santo Afonso).

Preces

Elevemos a Deus nossas preces, pelas mãos de Maria, Nossa Senhora do Perpétuo Socorro. Ó Mãe que nos dais o Redentor, sede nosso perpétuo socorro e intercedei em nosso favor:

---

[2] Ibid.

- para que redescubramos a cada dia o sentido de nossa vida, de uma vida vivida no amor e no serviço aos outros;
- para que nosso coração se fortaleça na fé;
- para que seja sustentada a vocação dos chamados ao sacerdócio e à vida religiosa, os quais sigam com perseverança e fidelidade o projeto de Deus;
- para que ouça as nossas preces e nos conceda a graça de que estamos necessitando e lhe pedindo nesta oração.

Oração

Ó Mãe do Perpétuo Socorro, jamais alguém vos invocou em vão. Na terra, tantas vezes prestastes socorro ao vosso divino Filho. Com quanto desvelo o protegestes e o conduzistes na infância e na adolescência! Como o consolastes e animastes durante a vida pública e o confortastes nos momentos dolorosos, ao pé da cruz. Sede também para nós a Mãe do Perpétuo Socorro! Somos também vossos filhos. Sabemos que vosso auxílio nunca faltou àqueles que vos amam e veneram.

Maria, Mãe solícita e perpétuo socorro, visitai as famílias nas quais reina a desunião e tornai-as um pouco mais felizes. Visitai os enfermos e os que se sentem fracassados. Aproximai-vos dos sem-teto e dos famintos. Visitai os encarcerados, e confortai todos os que sofrem. Olhai para todos com bondade e obtende-nos de vosso Filho as graças que tanto vos pedimos.

Nós vos prometemos amor e gratidão todos os dias de nossa vida, até que possamos agradecer-vos no céu. Assim espero, assim seja. Amém!

Dia 18

Nossa Senhora da Penha
Padroeira e inspiradora das letras e artes

História

Por volta de 1434, certo monge francês sonhou com uma imagem de Nossa Senhora que lhe aparecia no topo de uma escarpada montanha, cercada de luz, e que lhe acenava para que fosse procurá-la. Esse monge se chamava Simão Vela, e durante cinco anos andou procurando a mencionada serra, até que um dia teve indicação de sua localização e para lá se dirigiu. Após três dias de intensa caminhada, escalando penhas íngremes, ele parou para descansar, quando viu, sentada perto dele, uma formosa senhora com o filho ao colo, que lhe indicou o lugar onde encontraria o que procurava. Auxiliado por alguns pastores da região, conseguiu achar a imagem que avistara em sonho. Construiu ali uma tosca ermida, que logo se tornou célebre pelo grande número de milagres alcançados por intermédio da Senhora da Penha. Mais tarde ali foi construído um dos mais ricos e grandiosos santuários da cristandade.

No Brasil, consta, em fontes diversas, que a primeira ermida em louvor a Nossa Senhora da Penha foi erguida em Vila Velha, antiga capitania do Espírito Santo, entre 1558 e 1570, por Frei Pedro Palácios, natural da Espanha. Ele era irmão leigo da Ordem dos Franciscanos, que era grande devoto de Nossa Senhora.

A segunda ermida surgiu após a fundação da Fazenda Grande ou de Nossa Senhora da Ajuda, na freguesia de Irajá, no Rio de Janeiro, por volta de 1635, quando o capitão Baltazar de Abreu Cardoso ia subindo o Penhasco para ver as suas plantações. De repente, ele foi atacado por uma enorme serpente. Baltazar, que era devoto de Nossa Senhora, quando se viu só e incapaz de se defender, pediu socorro a Nossa Senhora gritando: "Minha Nossa Senhora, valei-me!". Nesse preciso momento surgiu um lagarto inimigo das serpentes, e travou-se uma luta mortífera entre os dois animais. Baltazar, por sua vez, não perdeu tempo e fugiu.

Agradecido por tão importante gesto maternal, construiu uma pequena capela onde pôs uma imagem de Nossa Senhora. Assim como ele, também seus parentes, amigos e vizinhos, e até mesmo pessoas curiosas, que a distância viam a pequena capela, passaram a subir a grande pedra para pedir e agradecer as graças alcançadas por intercessão da Senhora do alto do Penhasco – Penha. De tanto as pessoas repetirem: "Vamos à Penha visitar Nossa Senhora", passou-se a dizer: "Vamos visitar Nossa Senhora da Penha".

Bebendo na fonte

"Fiquei alegre, quando me disseram: 'Vamos à casa do Senhor!'. E agora se detêm nossos pés às tuas portas, Jerusalém! Jerusalém é construída como cidade sólida e compacta. É para lá que sobem as tribos, as tribos do Senhor, segundo a lei de Israel, para louvar o nome do Senhor... Desejai a paz para Jerusalém: vivam em paz os que te amam; haja paz nos teus muros, segurança nos teus palácios. Por amor a meus irmãos e a meus amigos eu direi: 'Paz para ti!'. Por amor à casa do Senhor, nosso Deus, te desejo a felicidade" (Sl 122,1-9).

Reflexão

O Rosário – ainda mais com o feliz acréscimo dos mistérios luminosos – se apresenta como um breve catecismo, sintetizando de maneira viva as principais verdades da fé. Coloca à disposição de quem o reza um resumo do Evangelho, e quer seja em casa, na Igreja, ou pelos caminhos, recorda-nos a Vida, Paixão, Morte e Ressurreição do Senhor, ao se desfiarem suas contas por Pai-Nossos, Ave-Marias e Glórias.

A paz tem seu fundamento na vida da graça e da caridade, por ser fruto do Espírito Santo. Ela se torna real quando se vive com Cristo Jesus. "Não há paz para os ímpios, diz o Senhor Deus" (Is 57,20). Devemos hoje e sempre implorar a paz, e o grande meio de obtê-la é o santo rosário. Mas não nos esqueçamos de que "Cristo é nossa paz" (Ef 2,14).

Com grande alegria rejubilamo-nos no Senhor, e nossa alma exultará no nosso Deus.

Preces

Elevemos a Deus nossas preces, através de Maria, nossa Mãe. Nossa Senhora da Penha, rogai por nós:

- pelo Santo Padre, o Papa... para que, guiado pelo Espírito Santo, seja presença de paz e confiança entre os povos;
- pelos escritores cristãos, para que, inspirados na Palavra de Deus, divulguem sempre o belo e a verdade;
- pelos nossos artistas, a fim de que se inspirem na beleza da criação para expressarem sua arte;
- pela juventude brasileira, para que tenha uma vida cristã autêntica e seja portadora de alegria e entusiasmo aos mais velhos e sofridos;
- para que proteja os trabalhadores do campo dos perigos a que se veem expostos na lida diária;
- para que Jesus se compadeça da necessidade pela qual cada pessoa está rezando hoje.

Oração

Salve, Senhora da Penha, Rainha dos céus e da terra! Mãe do Redentor, fonte de misericórdia e refúgio dos pecadores, doçura e alívio de todos os nossos sofrimentos, que no monte sagrado da Penha vos dignastes revelar ao vosso servo Frei Pedro Palácios os prodígios de vosso coração de mãe, eis-me prostrado aos pés de vossa milagrosa imagem para expor-vos a minha aflição e reclamar o milagre da graça.

A vós suspiro com fervoroso alento, gemendo e chorando a vossos pés e implorando a vossa compaixão. Enxugai benigna o pranto de quem vive desterrado neste vale de lágrimas. Sede minha advogada junto a vosso Filho Jesus e a ele me levai, depois deste desterro da vida, ó clemente, ó piedosa, ó doce Virgem da Penha, mãe, rainha e padroeira nossa. Amém.

Dia 19

Nossa Senhora da Boa Viagem
Padroeira de Belo Horizonte

História

Em sua devoção a Virgem, os portugueses, grandes desbravadores dos oceanos, não poderiam deixar de invocá-la em suas arriscadas viagens. Assim, deram-lhe o título de "Nossa Senhora da Boa Viagem", desde os tempos longínquos das aventureiras navegações. Entretanto, a primeira igreja erigida em terras lusitanas, sob esta invocação, deu-se em 1618, perto de Lisboa.

No Brasil, o culto a Nossa Senhora da Boa Viagem passou primeiramente pela Bahia, onde foi construída uma pequena igreja junto à praia. Em Pernambuco, por volta de 1707, o Padre Leandro Carmelo construiu uma capela, também junto à praia. E ainda no século XVIII, foi construída, na baía de Guanabara, outra capela no alto da península junto a Niterói. Para custear as despesas do culto, instituiu-se ali uma irmandade de pescadores e homens do mar. A devoção também aportou em locais afastados do litoral brasileiro. Por algo que só mesmo a Providência Divina pode explicar, a padroeira de Belo Horizonte, capital de Minas Gerais, é Nossa Senhora da Boa Viagem.

Conta-se que a imagem de Nossa Senhora da Boa Viagem pertencia a uma nau portuguesa que chegou ao Brasil em 1709. Seu comandante, Luis de Figueiredo Monterroio, acompanhado de vários marujos, resolveu abandonar a vida marítima e tentar a sorte na Capitania das Minas. Um membro da tripulação, Francisco Homem del Rei, retirou da nau a imagem de Nossa Senhora da Boa Viagem, para que esta os protegesse na longa jornada. Este grupo, ao chegar à região das Minas, teria fixado residência no Curral del Rei, onde ergueram uma capela para abrigar a imagem. Como o local era ponto de passagem dos que traziam mercadorias para a região das minas, a devoção era bem propícia para homens de vida nômade, que sempre estavam empreendendo longas viagens.

O Papa Pio XII oficializou Nossa Senhora da Boa Viagem como a padroeira de Belo Horizonte. Sua festa é celebrada no dia 15 de agosto. O ponto alto das comemorações é a "Procissão Luminosa" que percorre várias ruas do centro da cidade.

Bebendo na fonte

"Quando se completou o tempo previsto, Deus enviou seu Filho, nascido de mulher, nascido sujeito à Lei, para resgatar os que eram sujeitos à Lei, e todos recebermos a dignidade de filhos. E a prova de que sois filhos é que Deus enviou aos nossos corações o Espírito do seu Filho, que clama: 'Abbá, Pai!'. Portanto, já não és mais escravo, mas filho; e, se és filho, és também herdeiro; tudo isso, por graça de Deus" (Gl 4,4-7).

Reflexão

A fé permitiu a Maria enfrentar, sem medo, o abismo insondável e desconhecido do plano salvífico de Deus. Não era fácil acreditar que Deus pudesse "assumir a forma humana" e morar entre nós (Jo 1,14), isto é, que Deus se escondesse na insignificância do nosso dia a dia, assumindo a nossa fragilidade humana, sujeita a tantas humilhações.

Maria acreditou neste projeto "impossível" de Deus, confiou em Deus Todo-poderoso e se tornou a principal colaboradora da admirável iniciativa de Deus, que devolveu ao mundo a esperança.

Nós, cristãos, também somos chamados a ter a mesma atitude de fé que leva a olhar, corajosamente, para além das possibilidades e limites humanos. O cristão sabe que pode contar com Deus, que muitas vezes escolhe aquele que é fraco e desprezado pelo mundo, a fim de confundir os sábios e os fortes "para que ninguém pudesse se orgulhar na presença de Deus" (1Cr 1,29). Na história da Igreja, houve inúmeros exemplos do extraordinário modo de agir de Deus, deixando muita gente perplexa, à procura de explicações humanas para seus desígnios.

"Seus filhos se erguem para proclamá-la bem-aventurada. Ela se levanta antes da aurora para dar alimento a cada um" (Pr 31,28.15).

Preces

Supliquemos que a ordem de Jesus de ir ao mundo inteiro e pregar a Boa-Nova da salvação encontre muitos corações generosos e dispostos a aceitá-la. Nossa Senhora da Boa Viagem, guiai-nos em nossos caminhos e intercedei:

- pela Santa Igreja, para que se lembre sempre de que sua primeira missão no mundo é a de pregar o Evangelho;
- por todos os cristãos, para que sejam testemunhas vivas do Evangelho aos que não creem;
- por todas as pessoas que ganham o pão de cada dia através do trabalho, e que dependem de transportes públicos, e pelas que trabalham como motoristas de ônibus, caminhões, táxis, para que recebam sempre a proteção de Nossa Senhora da Boa Viagem.

Oração

Virgem Santíssima, Senhora da Boa Viagem, esperança infalível dos filhos da Santa Igreja, sois guia e eficaz auxílio dos que transpõem a vida por entre os perigos do corpo e da alma.

Refugiando-nos sob o vosso olhar materno, empreendemos nossas viagens, certos do êxito que obtivestes quando vos encaminhastes para visitar vossa prima Santa Isabel.

Em ascensão crescente na prática de todas as virtudes transcorrestes a vossa vida, até o ditoso momento de subirdes gloriosa para os céus; nós vos suplicamos, pois, ó Mãe querida, velai por nós, indignos filhos vossos, alcançando-nos a graça de seguir os vossos passos, assistidos por Jesus e José, na peregrinação desta vida e na hora derradeira de nossa partida para a eternidade. Amém.

Dia 20

Nossa Senhora Divina Pastora
Maria, Mãe do Bom Pastor

História

As origens da devoção a Nossa Senhora Divina Pastora são imprecisas, mas as primeiras manifestações surgem no século XVIII. Existem referências a Virgem Maria vestida de pastora na vida de São João de Deus, de São Pedro de Alcântara, da Venerável Maria de Jesus de Ágreda e de Santa Maria das Cinco Chagas.

Esta invocação simboliza uma mãe que cuida de seus filhos. No entanto, a invocação mariana de Nossa Senhora Divina Pastora começou a tornar-se mais conhecida a partir da cidade de Sevilha, na Espanha. De acordo com a tradição, a Virgem Maria teria ali aparecido no dia 8 de setembro de 1703 – data na qual se comemora a festa da Natividade de Nossa Senhora. Ela ter-se-ia revelado sentada numa rocha, vestida como uma pastora e num local onde pastavam algumas ovelhas.

O artista Francisco Ruiz Gijón foi quem esculpiu a primeira imagem em tamanho natural da Divina Pastora. Essa imagem foi levada na sua primeira procissão, em outubro de 1705, com grande solenidade, até a Igreja Paroquial de Santa Marina, em Sevilha.

> Para compreender este nobilíssimo título de Maria, é preciso conhecer e compreender bem o que significa "Bom Pastor"... aquele que cuida de suas ovelhas e as ama a ponto de dar a sua vida por elas. Jesus Bom Pastor, para salvar os pecadores, deu todo o seu sangue sobre a cruz, mas não se esqueceu dos bons e os encorajou a segui-lo no caminho da perfeição: "Quem quiser me seguir, renegue a si mesmo, tome a sua cruz e me siga" (Mt 16,24)... Durante a vida pública de Jesus, a oração era a missão específica de Maria. E agora no paraíso ela reza e intercede continuamente pelos sacerdotes, continuadores da obra de seu Filho (Bem-aventurado Tiago Alberione).

Nossa Senhora Divina Pastora nos convida a imitar o Bom Pastor e segui-lo como ela o fez, levando com ele, por vales e colinas, o rebanho do Senhor, e nos ombros, a ovelha desgarrada.

Bebendo na fonte

"Junto à cruz de Jesus estavam de pé sua mãe e a irmã de sua mãe, Maria de Cléofas, e Maria Madalena. Jesus, ao ver sua mãe e, ao lado dela, o discípulo que ele amava, disse à mãe: 'Mulher, eis o teu filho!'. Depois disse ao discípulo: 'Eis a tua mãe!'. A partir daquela hora, o discípulo a acolheu no que era seu" (Jo 19,25-27).

Reflexão

O título de Divina Pastora compete perfeitamente a Maria porque ela é a Mãe do Divino Pastor, sofreu muito pelas almas aqui na terra, e agora no céu preocupa-se com a salvação das almas, dos pecadores e dos infelizes que se encontram fora do Reino de Deus.

Nossa Senhora Divina Pastora acompanha passo a passo, com carinho, aqueles que andam no caminho da santidade, da justiça e da fraternidade. Maria protege o Pastor Universal da Igreja, o Santo Padre e todos os pastores do rebanho de seu Filho.

"A minha alma glorifica o Senhor e o meu espírito exulta em Deus meu Salvador, porque olhou para a humildade de sua serva. De agora em diante, todas as gerações me chamarão de bem-aventurada" (Lc 1,47-48).

Preces

Maria, Divina Pastora, sustentai nossa oração!

A seu Filho Jesus, o Bom Pastor, que nascendo da Virgem aproximou-se dos homens, sacrificou sua vida com amor sem medida, fez ressoar nas estradas do mundo a Palavra de salvação, e continua a chamar homens e mulheres para segui-lo, elevamos nosso louvor e nossa súplica:

- ◆ para que aprendamos a codividir os sofrimentos, as alegrias e as esperanças daqueles que encontramos em nosso caminho;

- para que sejam assistidos e protegidos todos aqueles que participam da missão pastoral;
- para que aprendamos a anunciar o Evangelho em todas as oportunidades;
- para que ajude os chamados ao sacerdócio e à vida religiosa a dizerem um "sim" generoso, como o de sua e nossa Mãe.

Oração

Ó Maria Divina Pastora e Mãe do Bom Pastor, tende compaixão dos vossos filhos dispersos e de quantos ainda caminham errantes como ovelhas sem pastor. Salvai os inocentes, convertei os pecadores, fortalecei os fracos, sustentai os vacilantes, confortai os atribulados, assisti os agonizantes, formai muitos santos. Dai-nos apóstolos e bons pastores para guiar o vosso povo. Vós sabeis, ó Mãe, em que vale de lágrimas vivemos; em meio de quantos inimigos caminhamos; de que argila frágil somos feitos. Volvei para nós vosso olhar compassivo. Sois a única esperança da humanidade. Levai-a a Jesus Caminho, Verdade e Vida, ao Pastor eterno de todas as pessoas, às alegrias do céu.

Ó Maria, Divina Pastora e Mãe do Bom Pastor, rogai por nós.

Dia 21

Nossa Senhora do Desterro
Mãe dos imigrantes

História

Nossa Senhora do Desterro é um título católico – dentre os muitos – atribuído a Virgem Maria, Mãe de Jesus. Esse título tem fundamentação bíblica, pois, como afirma o evangelista São Mateus, "após a partida dos Reis Magos, um anjo do Senhor apareceu em sonhos a José e disse: 'Levanta-te, toma o menino e sua mãe, e foge para o Egito; permanece lá até que eu te avise, porque Herodes procura o menino para o matar'. José levantou-se durante a noite, tomou o menino e sua mãe e partiu para o Egito" (Mt 2,13-14).

A viagem foi longa e bastante penosa, pois Belém dista do delta do Rio Nilo cerca de duzentos e cinquenta quilômetros (a distância entre as cidades do Rio de Janeiro/RJ e Aparecida/SP). Pela tradição Macarié, foi nas proximidades de Heliópolis (atual Cairo) que a Sagrada Família teria permanecido por cerca de sete anos. Este acontecimento é conhecido como a fuga da Sagrada Família para o Egito e, por isso, em alguns lugares, o título é conhecido como Nossa Senhora da Fuga.

Nossa Senhora é Mãe Amorosa para todos os que, com saudades de sua terra natal, imploram cheios de fé e de amor o seu auxílio, como a Virgem do Desterro, a fim de encontrarem compreensão e simpatia na nova terra. A Virgem é muito venerada na Itália como a "Nossa Senhora dos Imigrantes", ou seja, a padroeira daqueles que foram obrigados a deixar sua pátria para se refugiarem ou procurarem trabalho no estrangeiro.

No Brasil, a devoção a Senhora do Desterro foi intensa durante o período colonial, talvez porque os portugueses – deixando a pátria, provisória ou definitivamente, para servirem na colônia de além-mar – encontrassem consolo na devoção a Virgem Exilada.

Entre os templos mais antigos de nosso país, está o de Nossa Senhora do Desterro da Bahia, junto ao qual foi erguido um convento para senhoras que desejavam afastar-se do mundo e dedicar-se à vida religiosa.

Bebendo na fonte

"Depois que os magos se retiraram, o anjo do Senhor apareceu em sonho a José e lhe disse: 'Levanta-te, toma o menino e sua mãe e foge para o Egito! Fica lá até que eu te avise, porque Herodes vai procurar o menino para matá-lo'. José levantou-se, de noite, com o menino e a mãe, e retirou-se para o Egito; e lá ficou até à morte de Herodes. Assim se cumpriu o que o Senhor tinha dito pelo profeta: 'Do Egito chamei o meu filho'" (Mt 2,13-15).

Reflexão

"Então Herodes, vendo que fora iludido pelos magos, irou-se grandemente e mandou matar todos os meninos de dois anos para baixo que havia em Belém, e em todos os seus arredores, segundo o tempo que, com precisão, inquirira dos magos.

Em Ramá se ouviu uma voz, lamentação e grande pranto: Raquel chorando os seus filhos, e não querendo ser consolada, porque eles já não existem.

Mas tendo morrido Herodes, eis que um anjo do Senhor apareceu em sonho a José no Egito, dizendo: 'Levanta-te, toma o menino e sua mãe e vai para a terra de Israel; porque já morreram os que procuravam a morte do menino'. Então ele se levantou, tomou o menino e sua mãe e foi para a terra de Israel" (Mt 2,16.18-21).

Preces

Deus é verdadeiramente nosso Pai e nós somos verdadeiramente seus filhos. Por isso, humildemente a ele pedimos:

- pelas famílias dos imigrantes, dos favelados e desabrigados; pelos órfãos, vítimas da injustiça e do ódio, para que nosso acolhimento e nossa cooperação os consolem e ajudem;
- por todos os pais idosos e abandonados pelos seus familiares, pelos filhos desprezados e não amados,

pelos casais em crise, pelos jovens revoltados e marginalizados;

- pelas crianças e adolescentes, para que seus pais, respeitando o mistério de sua pessoa, façam-nos crescer num clima de amor, confiança e obediência à Palavra de Deus;
- pelas necessidades de cada um de nós, para que Nossa Senhora do Desterro nos sustente na caminhada e nos dê perseverança na fé.

Oração

Ó Bem-aventurada Virgem Maria, mãe de Nosso Senhor Jesus Cristo Salvador do Mundo, Rainha do céu e da terra, advogada dos pecadores, auxílio dos cristãos, protetora dos pobres, consoladora dos tristes, amparo dos órfãos e viúvas, socorro dos aflitos, desterradora das calamidades, dos inimigos corporais e espirituais, do pecado, das pessoas maldosas, da morte cruel e dos tormentos eternos.

Minha amada mãe, prostrado agora aos vossos pés, cheio de arrependimento das minhas culpas, por vosso intermédio, imploro o perdão de Deus infinitamente bom. Rogai ao vosso Divino Filho Jesus, por nossas famílias, para que ele desterre de nossas vidas todos os males, nos dê o arrependimento sincero de nossos pecados e nos enriqueça com sua divina graça e misericórdia.

Cobri-nos com o vosso manto maternal, ó divina estrela dos montes. Que possamos, por vosso intermédio, obter de

Deus a cura de todas as doenças, encontrar as portas do céu abertas e convosco sermos felizes por toda a eternidade. Amém.

Dia 22

Nossa Senhora das Candeias
Festa da Apresentação do Senhor

História

A origem da devoção a Senhora das Candeias tem início na festa da Apresentação do Menino Jesus no Templo e da Purificação de Nossa Senhora ("Candelária ou das Candeias"), quarenta dias após o nascimento de Jesus, sendo celebrada, portanto, no dia 2 de fevereiro. De acordo com a Lei mosaica, as parturientes, após darem à luz, ficavam impuras, devendo privar-se de visitar o Templo até quarenta dias após o parto; nessa data, deviam apresentar-se diante do sumo sacerdote, a fim de apresentar o seu sacrifício – um cordeiro e duas pombas ou duas rolas – e assim se purificar.

Dessa forma, José e Maria apresentaram-se diante de Simeão para cumprir o seu dever, e este, depois de lhes ter revelado maravilhas acerca do filho que ali lhe traziam, proferiu a profecia: "Agora, Senhor, segundo a tua promessa, deixa teu servo ir em paz, porque meus olhos viram a tua salvação, que preparaste diante de todos os povos: luz para iluminar as nações e glória de Israel, teu povo" (Lc 2,29-33).

A Virgem da Candelária ou das Candeias apareceu numa praia na ilha de Tenerife (Ilhas Canárias, Espanha), em 1400.

Os nativos guanches da ilha ficaram com medo dela e tentaram atacá-la, mas suas mãos ficaram paralisadas. A imagem foi guardada em uma caverna, onde, séculos mais tarde, foi construído o Templo e Basílica Real da Candelária (em Candelária). Mais tarde, a devoção se espalhou pela América.

É a santa padroeira das Ilhas Canárias, sob o nome de Nossa Senhora da Candelária.

Bebendo na fonte:

"E quando se completaram os dias da purificação, segundo a lei de Moisés, levaram o menino a Jerusalém para apresentá-lo ao Senhor, conforme está escrito na Lei do Senhor: 'Todo primogênito do sexo masculino será consagrado ao Senhor'. Para tanto, deviam oferecer em sacrifício um par de rolas ou dois pombinhos, como está escrito na Lei do Senhor" (Lc 2,22-24).

Reflexão

A apresentação de Jesus no Templo, mais do que um mistério gozoso é um mistério doloroso. Maria apresenta e oferece a Deus seu filho Jesus. Ora, toda oferta é uma renúncia. Começa o mistério de seu sofrimento, que atingirá o cume aos pés da cruz. A cruz é a espada que transpassará sua alma.

O gesto de Maria que se oferece se traduz em gesto litúrgico em cada Eucaristia. Quando o pão e o vinho nos são restituídos como Corpo e Sangue de Cristo, nós contemplamos sua salvação e nos colocamos à espera de sua vinda.

"Recebemos, ó Deus, a vossa misericórdia... Vosso louvor se estende até os confins da terra; toda justiça se encontra em vossas mãos" (Sl 47,10-11).

Ó Deus, luz verdadeira, fonte e princípio da luz eterna, fazei brilhar no coração de vossos fiéis a luz que não se extingue, para que cheguemos ao esplendor da vossa glória.

Preces

Celebrando Nossa Senhora das Candeias e lembrando a Apresentação de Jesus no Templo, invoquemos a proteção de Maria. Com a luz que vem de Deus, iluminai os nossos caminhos, ó Maria:

- para que o Senhor, com sua bondade, faça-nos voltar ao fervor da Igreja primitiva;
- para que os esposos recebam com alegria e amor os filhos que Deus lhes envia;
- para que Nossa Senhora seja sentida como Mãe dos órfãos e abandonados.

Oração

Virgem Santíssima das Candeias, vós que, pelos merecimentos de vosso Filho Onipotente, tudo alcançais em benefício dos pecadores de quem sois igualmente Senhora e Mãe, vós que não desprezais as súplicas humanas e nem a elas fechais o vosso coração compassivo e misericordioso, iluminai-me, eu vos peço, nas estradas da vida; encorajai-me e encaminhai meus passos e as minhas ações para o verdadeiro bem.

Livrai-me de todos os perigos aos quais minha fraqueza possa estar exposta. Defendei-me de meus inimigos, como defendestes o vosso amado Filho das perseguições que sofreu quando criança. Não consintais que eu seja atingido por ferro, fogo e nem por peste alguma. E, depois de todos esses benefícios de vossa clemência nesta vida, conduzi-me à morada dos anjos, onde, com Jesus Cristo, vosso Filho e nosso Senhor, viveis e reinais pelos séculos. Amém.

Dia 23

Nossa Senhora Desatadora dos Nós
O poder libertador das mãos de Maria

História

Nossa Senhora Desatadora dos Nós é apenas um entre os dois mil títulos de Maria. Nasceu na Alemanha, em 1700, como Maria Knotenlöserin (do alemão *knot*, "nó", e *löser*, "desatar"). Na época, o pároco da capela de St. Peter Am Perlach, na cidade de Augsburg, encomendou ao pintor Johann Schmittdner um quadro de Nossa Senhora. Para compor o painel, foi buscar inspiração nos dizeres de Santo Irineu, bispo de Lyon, no século III: "Eva atou o nó da desgraça para o gênero humano; Maria por sua obediência o desatou".

Maria é representada como a Imaculada Conceição e encontra-se entre o céu e a terra. O Espírito Santo derrama sua luzes sobre a Virgem. Em sua cabeça vemos doze estrelas. Um dos anjos entrega-lhe uma faixa com nós grandes e pequenos, separados e juntos. Estes nós simbolizam o pecado original e nossos pecados cotidianos, que impedem que a graça frutifique em nossas vidas. Na parte inferior do quadro, é possível ver que a faixa cai livremente e que um nó está desatado.

Nossa Senhora Desatadora dos Nós é invocada como aquela que ajuda a nos livrarmos de todos os males e aflições que nos escravizam e nos tornam infelizes e pessimistas, dando-nos a verdadeira liberdade que só seu Filho, Nosso Senhor Jesus Cristo, pode nos conceder.

A pintura não demorou a se tornar objeto de culto dentro dos limites de Augsburg, espalhando-se depois pelo mundo. Uma cópia desta pintura é venerada em Buenos Aires, Argentina, para onde foi levada pelo Bispo Dom Bergoglio.

Maria é representada como a Imaculada Conceição. Sua festa é comemorada em 15 de agosto.

Bebendo na fonte

"Um sinal grandioso apareceu no céu: uma Mulher vestida com o sol, tendo a lua debaixo dos pés e sobre a cabeça uma coroa de doze estrelas. Ela deu à luz um filho que irá reger todas as nações com um cetro de ferro. Seu filho, porém, foi arrebatado para junto de Deus e de seu trono. Ao ver que fora expulso para a terra, o Dragão pôs-se a perseguir a Mulher... Ela, porém, foi socorrida pela terra" (Ap 12,1.5.13-16).

Reflexão

A Mulher adornada de todo o seu esplendor – o sol, a lua, as estrelas – simboliza o povo de Deus: primeiramente o antigo Israel, do qual nasceu Jesus, e segundo a carne; depois o novo Israel, a Igreja, Corpo de Cristo.

Santo Agostinho e São Bernardo viram na Mulher do Apocalipse o símbolo de Maria. Na verdade, todos os textos bíblicos que se referem ao mistério da Igreja podem ser aplicados a Virgem Maria, enquanto seu verdadeiro mistério insere-se no mistério da Igreja, ao mesmo tempo em que o ilumina, como lembrou o Concílio Vaticano II.

Com Maria, o mal foi definitivamente vencido. Ela foi a primeira mulher a entrar no Reino de Deus, e dele nos indica o caminho. Com grande alegria rejubilo-me no Senhor, e minha alma exultará no meu Deus, pois me revestiu de justiça e salvação.

Preces

Elevemos a Deus nossas preces, e que esta oração seja apresentada a Deus pelas mãos de Maria, Nossa Senhora Desatadora de todos os nós. Virgem, Mãe amável, escuta a nossa prece:

- pelo Santo Padre, o Papa... e nosso(s) bispo(s)... para que, guiados pelo Espírito Santo, sejam sinal da presença de Deus no mundo;
- por nossas famílias, para que sejam respeitadas em seus direitos e se tornem sempre mais berço de

cristãos autênticos, a fim de que construamos uma sociedade mais justa e fraterna;
- para que o Senhor de bondade ouça as nossas preces e nos conceda neste momento a graça de que mais precisamos para nós, para nossa família, nossa comunidade.

Oração

Mãe que jamais deixa de vir em socorro de um filho aflito, Mãe cujas mãos não param nunca de servir seus amados filhos, pois são movidas pelo amor divino e a imensa misericórdia que existem em teu coração, volta o teu olhar compassivo sobre mim e vê o emaranhado de nós que há em minha vida. Tu bem conheces o meu desespero, a minha dor e o quanto estou amarrado por causa destes nós.

Maria, Mãe que Deus encarregou de desatar os nós da vida dos seus filhos, confio hoje a fita da minha vida em tuas mãos. Ninguém, nem mesmo o maligno poderá tirá-la do teu precioso amparo. Em tuas mãos não há nó que não poderá ser desfeito.

Mãe poderosa, por tua graça e teu poder intercessor junto a teu Filho e meu libertador, Jesus, recebe hoje em tuas mãos este nó... Peço-te que o desates para a glória de Deus, e por todo o sempre. Tu és a minha esperança.

Ó Senhora minha, és a minha única consolação dada por Deus, a fortaleza das minhas débeis forças, a riqueza das minhas misérias, a liberdade, com Cristo, das minhas cadeias. Ouve minha súplica. Guarda-me, guia-me, protege-me, ó seguro refúgio! Maria, Desatadora de todos os nós, roga por nós. Amém

Dia 24

Nossa Senhora Auxiliadora
Auxílio dos cristãos

História

A devoção a Nossa Senhora Auxiliadora iniciou-se em datas muito remotas, tendo nascido no coração de pessoas piedosas que espalharam ao seu redor a devoção mariana. Mas foi no ano de 1815 que nasceu aquele que seria o grande admirador, grande filho, grande devoto da Mãe de Deus e propagador da devoção a Maria Auxiliadora, o santo dos jovens: São João Bosco.

Em 1817, o Papa Pio VII benzeu uma tela de Santa Maria e conferiu-lhe o título de "Maria Auxilium Christianorum" (Maria, auxílio dos cristãos).

Pio IX, eleito papa, manifestou-se logo a favor de uma devoção pessoal para com a Auxiliadora e, quando este sofrido pontífice esteve no exílio, Dom Bosco lhe enviou 35 francos, recolhidos entre seus jovens do oratório. O papa ficou profundamente comovido com esta atitude e conservou uma bela lembrança desse gesto de afeto e generosidade dos rapazes pobres.

Em meio às muitas lutas políticas, desavenças e rixas entre Igreja e Estado, em 24 de maio, em Roma, o Papa Pio IX presidiu uma grandiosa celebração em honra de Maria Auxiliadora, na Igreja de Santa Maria. E, em 1862, houve uma grandiosa organização especificamente para obter da Auxiliadora proteção para o papa, diante das perseguições políticas que ferviam cada vez mais, em detrimento da Igreja de Jesus Cristo.

Entre 1860-1862, momentos particularmente críticos para a Igreja, vemos que Dom Bosco fez a opção definitiva pela Auxiliadora, título este em que decide concentrar a devoção mariana por ele oferecida ao povo.

Dom Bosco ensinou a família salesiana a amar Nossa Senhora, invocando-a com o título de Auxiliadora. Pode-se afirmar que a invocação de Maria com esse título teve um impulso enorme com Dom Bosco. Ficou tão famoso o amor do santo pela Virgem Auxiliadora, que ela ficou conhecida também como a "Virgem de Dom Bosco".

Escreveu ele: "A festa de Maria Auxiliadora deve ser o prelúdio da festa eterna que deveremos celebrar todos juntos um dia no Paraíso".

Bebendo na fonte

"Levanta-te, minha amada, minha rola, minha bela, e vem! O inverno passou, as chuvas cessaram e já se foram. Aparecem as flores no campo, chegou o tempo da poda, a rola já faz ouvir seu canto em nossa terra. A figueira produz seus primeiros figos, soltam perfume as vinhas em flor.

Levanta-te, minha amada, minha bela, e vem! Minha rola, que moras nas fendas da rocha, no esconderijo escarpado, mostra-me o teu rosto e a tua voz ressoe aos meus ouvidos, pois a tua voz é suave e o teu rosto é lindo!" (Ct 2,10-14).

Reflexão

Feliz é a Virgem Maria: guardava todas as palavras de seu Filho, meditando-as no seu coração.

"Transbordo de alegria em Iahweh, a minha alma se regozija em meu Deus, porque ele me vestiu com vestiduras de salvação, cobriu-me com um manto de justiça, como um noivo que se adorna com um diadema, como uma noiva que se enfeita com as suas joias... Como a terra faz brotar a sua vegetação e o jardim faz germinar as suas sementes, assim o Senhor faz germinar a justiça e o louvor na presença de todas as nações" (Is 61,10-11).

"Grita de alegria, filha de Sião! Canta, Israel! Filha de Jerusalém fica contente, de todo o coração, dá gritos de alegria! O Senhor aboliu a sentença contra ti, afastou teus inimigos. O rei de Israel é o Senhor, que está em teu meio; não precisarás mais ter medo de alguma desgraça. Naquele dia, Deus dirá a Jerusalém: 'Não tenhas medo, Sião! Não te acovardes! O Senhor teu Deus está a teu lado como valente libertador! Por tua causa ele está contente e alegre, apaixonado de amor por ti, por tua causa está saltando de alegria'" (Sf 3,14-18).

Preces

Rezemos a Deus, que se dignou escolher o homem e a mulher para colaborar na obra da redenção. Virgem Auxiliadora, socorrei-nos em nossas necessidades:

- para que o Senhor abra o nosso coração para as necessidades das famílias desamparadas e pobres, que vivem ao nosso lado;
- para que os poderes públicos dirijam a vida econômica e social de nosso país com justiça e retidão;
- para que em todas as nossas obras de caridade saibamos agir com disponibilidade e humildade, trabalhando somente por amor a Deus e aos nossos irmãos necessitados;
- por todos os doentes e os que sofrem, para que encontrem em Nossa Senhora Auxiliadora o conforto de sua fé.

Oração

Santíssima Virgem Maria, a quem Deus constituiu Auxiliadora dos Cristãos, nós vos escolhemos como Senhora e Protetora desta casa. Dignai-vos mostrar aqui vosso auxílio poderoso. Preservai esta casa de todo perigo: do incêndio, da inundação, do raio, das tempestades, dos ladrões, dos malfeitores, da guerra e de todas as outras calamidades que conheceis.

Abençoai, protegei, defendei, guardai como coisa vossa as pessoas que vivem nesta casa. Sobretudo, concedei-lhes a graça mais importante, a de viverem sempre na amizade de Deus, evitando o pecado.

Dai-lhes a fé que tivestes na Palavra de Deus, e o amor que nutristes para com o vosso Filho Jesus e para com todos aqueles pelos quais ele morreu na cruz.

Maria, Auxílio dos Cristãos, rogai por todos os que moram nesta casa que vos foi consagrada. Amém.

Dia 25

Nossa Senhora das Graças
A Medalha Milagrosa

História

Em uma tarde de sábado, no dia 27 de novembro de 1830, na capela das Irmãs Filhas da Caridade de São Vicente de Paulo, Santa Catarina Labouré teve uma visão de Nossa Senhora, a qual relatou assim: "A Virgem Santíssima baixou para mim os olhos e me disse no íntimo de meu coração: 'Este globo que vês representa o mundo inteiro [...] e cada pessoa em particular. Eis o símbolo das graças que derramo sobre as pessoas que as pedem'. Desapareceu, então, o globo que tinha nas mãos e, como se estas já não pudessem com o peso das graças, inclinaram-se para a terra em atitude amorosa. Formou-se em volta da Santíssima Virgem um quadro oval, no qual em letras de ouro se liam estas palavras que cercavam a mesma Senhora: "Ó Maria, concebida sem pecado, rogai por nós que recorremos a vós'. Ouvi, então, uma voz que me dizia: 'Faça cunhar uma medalha por este modelo; todas as pessoas que a trouxerem receberão grandes graças, sobretudo se a trouxerem no pescoço; as graças serão abundantes, especialmente para aqueles que a usarem com confiança'".

Então o quadro se virou, e no verso apareceu a letra M, com uma cruz em cima, tendo um terço na base; por baixo da letra M estavam os corações de Jesus e sua Mãe Santíssima. O primeiro estava cercado por uma coroa de espinhos, e o segundo, atravessado por uma espada. Contornando o quadro havia uma coroa de doze estrelas. A mesma visão se repetiu várias vezes, sobre o sacrário do altar-mor; ali aparecia Nossa Senhora, sempre com as mãos cheias de graças, estendidas para a terra, e a invocação já referida a envolvê-la.

O arcebispo de Paris, Dom Quelen, autorizou a cunhagem da medalha e instaurou um inquérito oficial sobre a origem e os efeitos da medalha, para a qual a piedade do povo deu o nome de Medalha Milagrosa.

Nossa Senhora da Medalha Milagrosa é a mesma Nossa Senhora das Graças, por ter Santa Catarina Labouré ouvido, no princípio da visão, as seguintes palavras: "Estes raios são o símbolo das Graças que Maria Santíssima alcança para os homens".

Bebendo na fonte

"'Alegra-te, cheia de graça! O Senhor está contigo'. Ela perturbou-se com estas palavras e começou a pensar qual seria o significado da saudação. O anjo, então, disse: 'Não tenhas medo, Maria! Encontraste graça junto a Deus. Conceberás e darás à luz um filho, e lhe porás o nome de Jesus. Ele será grande; será chamado Filho do Altíssimo, e o Senhor Deus lhe dará o trono de Davi, seu pai. Ele reinará para sempre sobre a descendência de Jacó, e o seu reino não terá fim'. Maria, então, perguntou ao anjo: 'Como acontecerá isso, se eu não conheço homem?'. O anjo respondeu: 'O Espírito Santo descerá sobre ti, e o poder do Altíssimo te cobrirá com a sua sombra. Por isso, aquele que vai nascer será chamado santo, Filho de Deus'" (Lc 1,28-35).

Reflexão

A realização das promessas de Jesus é obra exclusiva de Deus e não do homem. A encarnação do Filho de Deus é também o mistério da colaboração responsável de Maria, na salvação recebida como dom.

Na Eucaristia, o Senhor nos ensina a entregarmos também o nosso corpo e o nosso sangue pelos irmãos. Tornamos, assim, digna de fé a salvação de Deus, encarnando-a também nos pequenos "sins" do nosso dia a dia, a exemplo de Maria.

Para salvar-nos, Deus escolheu passar através da pessoa humana – Maria: "E o Verbo se fez carne e veio habitar no meio de nós... e nós vimos a sua glória" (Jo, 1,14).

Preces

Peçamos a Deus que aceite as nossas preces. Maria, cheia de graça, voltai para nós o vosso olhar:
- para que Deus nos faça mensageiros da sua Palavra;
- para que o Senhor confirme em nós a certeza da sua esperança;

- para que o Senhor impulsione o nosso coração diante das fraquezas de nossos irmãos;
- para que o Senhor nos inflame com seu amor misericordioso;
- para que Deus Pai, por intermédio de Nossa Senhora das Graças, atenda os nossos pedidos e a graça de que cada um está necessitando neste momento;
- para agradecer a Deus a presença amorosa de Maria em nossa vida.

Oração

Ó Imaculada Virgem Mãe de Deus e nossa Mãe, ao contemplar-vos de braços abertos, derramando graças sobre os que vo-las pedem, cheios de confiança na vossa poderosa intercessão, inúmeras vezes manifestada pela Medalha Milagrosa, embora reconhecendo a nossa indignidade por causa de nossas inúmeras culpas, acercamo-nos de vossos pés para vos expor, durante esta oração, as nossas mais prementes necessidades (*momento de silêncio e de pedir a graça desejada*).

Concedei, pois, ó Virgem da Medalha Milagrosa, este favor que confiantes vos solicitamos, para maior glória de Deus, engrandecimento do vosso nome e o bem de nossas almas. E para melhor servirmos ao vosso Divino Filho, inspirai-nos profundo ódio ao pecado e dai-nos coragem de nos afirmar sempre como verdadeiros cristãos. Amém.

(*Rezar 3 Ave-Marias e a jaculatória: "Ó Maria concebida sem pecado, rogai por nós que recorremos a vós".*)

Dia 26

Nossa Senhora da Luz
Padroeira de Curitiba

História

Nossa Senhora da Luz era tradicionalmente invocada pelos cegos (como afirma o Padre Antonio Vieira no seu *Sermão do Nascimento da Mãe de Deus*: "Perguntai aos cegos para que nasce esta celestial Menina, dir-vos-ão que nasce para Senhora da Luz [...]"), e tornou-se particularmente cultuada em Portugal a partir do início do século XV.

Segundo a tradição, deve-se isso a um português, Pedro Martins, muito devoto de Nossa Senhora, que ao ser aprisionado pelos mouros invocou com fé a proteção da Mãe de Deus. Pedia-lhe que o liberasse do cárcere. Por aproximadamente trinta dias, Nossa Senhora lhe apareceu em sonho, aureolada de extraordinária luz, e as palavras que lhe dirigiu podem ser resumidas assim: "Eu te livrarei do cativeiro. E quando estiveres livre, ainda que sejas pobre, irás a Carnide e far-me-ás, sobre a fonte do Machado uma ermida que terá a inscrição: *Santa Maria da Luz*. Neste lugar meu nome há de ser glorificado, honrado e aumentado com muitas maravilhas e milagres. Lá acharás uma bela imagem e nela mostrarei quem sou".

Ele descobriu uma imagem da Mãe de Deus por entre uma estranha luz, no sítio de Carnide, em Lisboa. Aí se fundou de imediato um convento e uma igreja a ela dedicada, que conheceu grande incremento devido à ação mecenática da Infanta Dona Maria, filha de Dom Manuel I, e de sua terceira esposa, Dona Leonor de Áustria.

A partir daí, a devoção a Senhora da Luz cresceu e, com a expansão do império português, também se dilatou pelas regiões colonizadas, com especial destaque para o Brasil, onde é a padroeira da cidade de Curitiba, capital do Paraná.

Bebendo na fonte

"O povo que andava na escuridão viu uma grande luz, para os que habitavam as sombras da morte uma luz resplandeceu. Multiplicaste sua alegria, redobraste sua felicidade. Adiante de ti vão felizes, como na alegria da colheita, alegres como se repartissem conquistas de guerra" (Is 9,1-2).

Reflexão

O Senhor é minha luz e minha salvação: de quem terei medo? O Senhor é a fortaleza de minha vida, a quem temerei? Uma só coisa pedi ao Senhor, só isto desejo: poder morar na casa do Senhor todos os dias da minha vida; poder gozar da suavidade do Senhor e contemplar seu santuário.

Ele me dá abrigo na sua tenda no dia da desgraça. Esconde-me em sua morada, sobre o rochedo me eleva. E agora levanto a cabeça sobre os inimigos que me rodeiam; imolarei na sua casa sacrifícios de louvor, hinos de alegria cantarei ao Senhor.

Ainda que pai e mãe me abandonem, o Senhor me acolhe. Não me exponhas à fúria dos meus adversários; contra mim se levantaram falsas testemunhas que anseiam por violência. Tenho certeza de que vou contemplar a bondade do Senhor na terra dos vivos. Espera no Senhor, sê forte. Firma teu coração e espera no Senhor.

Ouve, Senhor, a minha voz. Eu clamo, tem piedade de mim! Responde-me! Meu coração se lembra de ti: "Buscai minha face". Tua face, Senhor, eu busco. Não me escondas teu rosto, não rejeites com ira o teu servo. És meu auxílio, não me deixes, não me abandones, Deus meu Salvador (cf. Salmo 26).

Preces

Supliquemos a Deus que nos ama. Virgem Maria, Senhora da Luz, ilumina o nosso caminho e intercede junto ao Senhor:

- por todos os homens e mulheres, para que se encontrem com Jesus através de seu amor a ti;
- pelos jovens, para que tenham o coração aberto aos apelos de Jesus no serviço a seu Reino;

- pelos sacerdotes, para que tenham sempre a tua força e a tua companhia, Maria, em seu ministério;
- pelos vocacionados tentados pela dúvida ou incompreendidos em sua missão, para que encontrem consolo no teu coração e no de teu Filho, Jesus;
- pelas mães e pais de família, para que tenham sempre a sabedoria cristã na transmissão da fé a seus filhos;
- pelos casais que sofrem por causa da doença, do desemprego, do salário insuficiente, da incompreensão de seus filhos;
- para que Jesus nos conceda a graça de que estamos necessitando no momento.

Oração

Nossa Senhora da Luz, obedecendo à Lei mosaica, levaste ao templo vosso Divino Filho, a Luz do Mundo. Sê brilhante farol que, através das brumas e tempestades da vida, nos guia incólumes ao porto seguro do céu. Somos teus filhos, guia-nos! Dá-nos espírito de obediência filial a Deus e à Igreja! Preserva-nos da impureza! Concede-nos a luz da fé e inflama nosso coração com o fogo divino, para sempre amarmos Jesus e torná-lo amado por todos. Amém.

Dia 27

Nossa Senhora do Rosário
Mãe e protetora dos simples

História

A origem da devoção a Nossa Senhora do Rosário é muito antiga, mas sua propagação tomou impulso com São Domingos de Gusmão. Foi por sua inspiração que São Domingos fez do rosário uma poderosa arma para combater a heresia dos albigenses, no início do século XIII, quando a heresia crescia vertiginosamente na França.

Fundou a ordem dominicana e, por sua intensa propagação e devoção, a Igreja lhe conferiu o título de "Apóstolo do Santo Rosário". Existem, inclusive, versões históricas que afirmam ter Maria aparecido a São Domingos segurando o Menino Jesus no colo e oferecendo-lhe o santo rosário. Assim, sua propagação e divulgação teria tomado impulso por um pedido pessoal de Maria Santíssima.

No início do século IX instalaram-se nas proximidades do vulcão Vesúvio, extinto em 79, na Cidade de Pompeia, sul da Itália, famílias de camponeses que construíram ali uma capela. Em 1872 chegou ali o advogado Bartolo Longo (beatificado em 26 de outubro de 1980), que trabalhava para a Condessa de Fusco, dona dessas terras. Ele percebeu que, depois da morte do sacerdote que lá estava, não havia missas na capela e que poucos seguiam firmes na fé. Uma noite, Bartolo viu em sonhos um amigo já morto que lhe disse: "Salva esta gente, Bartolo! Propaga o rosário. Estimula-os para que o rezem. Maria prometeu a salvação para aqueles que o fizerem".

Trouxe, então, de Nápoles muitos rosários para distribuir e começou a reformar a capela. A população começou a rezar o rosário, cada vez em maior número.

Em 1878, obteve de um convento de Nápoles um quadro de Nossa Senhora entregando o Santo Rosário a São Domingos. Restaurado e colocado sobre o altar na capela, a Virgem Santíssima começou a operar milagres.

Em 8 de maio de 1887, o Cardeal Mônaco de Valleta colocou na venerada imagem um diadema de brilhantes bento pelo Papa Leão XII e, em 8 de maio de 1891, deu-se a solene consagração do novo santuário de Pompeia, que existe até hoje.

À recitação do rosário a Igreja atribui muitos de seus triunfos: "Pelo rosário todos os dias desce uma chuva de bênçãos sobre o povo cristão" (Papa Urbano IV).

Bebendo na fonte

"'Feliz aquela que acreditou, pois o que lhe foi dito da parte do Senhor será cumprido!' Maria então disse: 'A minha alma engrandece o Senhor, e meu espírito se alegra em

Deus, meu Salvador, porque ele olhou para a humildade de sua serva. Todas as gerações, de agora em diante, me chamarão feliz, porque o Poderoso fez para mim coisas grandiosas. O seu nome é santo, e sua misericórdia se estende de geração em geração sobre aqueles que o temem'" (Lc 1,46-50).

Reflexão

"O Rosário da Virgem Maria, que ao sopro do Espírito de Deus foi se formando gradualmente no segundo milênio, é oração amada por numerosos santos e estimulada pelo Magistério da Igreja. Na sua simplicidade e profundidade, permanece, mesmo no terceiro milênio, uma oração de grande significado e destinada a produzir frutos de santidade. Ela enquadra-se perfeitamente no caminho espiritual de um Cristianismo que, passados dois mil anos, nada perdeu do seu frescor original, e sente-se impulsionado pelo Espírito de Deus a 'fazer-se ao largo' para reafirmar, melhor 'gritar' Cristo ao mundo como Senhor e Salvador, como 'caminho, verdade e vida' (Jo 14,6), como 'o fim da história humana, o ponto para onde tendem os desejos da história e da civilização'.

O rosário, de fato, ainda que caracterizado pela sua fisionomia mariana, no seu âmago é oração cristológica. Concentra 'a profundidade de toda a mensagem evangélica', da qual é quase um compêndio. Nele ecoa a oração de Maria, o seu perene *Magnificat* pela obra da encarnação redentora iniciada no seu ventre virginal. Com ele, o povo cristão 'frequenta a escola de Maria', para deixar-se introduzir na contemplação da beleza do rosto de Cristo e na experiência da profundidade do seu amor. Mediante o rosário, o crente alcança a graça em abundância, como se a recebesse das mesmas mãos da Mãe do Redentor" (Bem-aventurado João Paulo II).

Com grande alegria rejubilamo-nos no Senhor, e nossa alma exultará no nosso Deus, pois nos revestiu de justiça e salvação.

Preces

Celebremos nosso Salvador que se dignou nascer da Virgem Maria. Senhora do Santo Rosário, intercedei por nós:

- Sol de justiça, a quem a Virgem Imaculada precedeu como aurora resplandecente, concedei que caminhemos sempre à luz da vossa presença;
- Palavra eterna do Pai, que escolhestes Maria como arca incorruptível para vossa morada, livrai-nos de todo pecado;
- Salvador do mundo, que tivestes vossa Mãe junto à cruz, concedei-nos, pela intercessão de Nossa Senhora do Rosário, a força e esperança nos nossos sofrimentos;
- Jesus de bondade, que pregado na cruz nos destes vossa Mãe como nossa Mãe e companheira, concedei-nos a graça de que estamos necessitando neste momento;

✦ Senhor do céu e da terra, que colocastes Maria como rainha à vossa direita, dai-nos a alegria de participar, com ela, da vossa glória no céu.

Oração

Ó rosário bendito de Maria, doce cadeia que nos prende a Deus, vínculo de amor que nos une aos anjos, torre de salvação contra os assaltos do inferno, porto seguro no naufrágio geral, não te deixaremos nunca mais. Serás o nosso conforto na hora da agonia. Seja para ti o último beijo da vida que se apaga. E a última palavra dos nossos lábios há de ser o vosso nome suave, ó Rainha do Rosário de Pompeia, ó nossa Mãe querida, ó refúgio dos pecadores, ó soberana consoladora dos tristes. Sede bendita em todo o lado, hoje e sempre, na terra e no céu. Amém.

Dia 28

Nossa Senhora das Dores
Mater Dolorosa

História

O culto a Nossa Senhora das Dores iniciou-se em 1221, no Mosteiro de Schönau, na Germânia. Mas foi o Papa Pio X que fixou a data definitiva de 15 de setembro, conservada no novo calendário litúrgico e que mudou o título da festa, reduzida a simples memória: não mais *Sete Dores de Maria*, mas mais oportunamente *Virgem Maria Dolorosa*. Com este título nós honramos a dor de Maria aceita na redenção mediante a cruz. É junto à cruz que a Mãe de Jesus crucificado torna-se a Mãe do corpo místico nascido da cruz, isto é, nós somos nascidos, enquanto cristãos, do mútuo amor sacrifical e sofredor de Jesus e Maria. Eis por que hoje se oferece à nossa meditação as dores de Maria.

A devoção que precede a celebração litúrgica fixou simbolicamente "as sete dores da corredentora", as quais correspondem a outros tantos episódios narrados pelo Evangelho: a profecia do velho Simeão, a fuga para o Egito, a perda de Jesus aos doze anos, o caminho de Jesus para o Gólgota, a crucificação, a descida da cruz, a sepultura.

Pedimos a Rainha dos Mártires que nos mantenha afastados do pecado e nos dê força, auxílio e paciência para levarmos a nossa cruz.

Santa Brígida diz-nos, nas suas revelações aprovadas pela Igreja Católica, que Nossa Senhora lhe prometeu conceder sete graças a quem rezar cada dia sete Ave-Marias em honra de suas principais "dores" e lágrimas, meditando sobre as mesmas. Eis as promessas:

1ª) Porei a paz em suas famílias.

2ª) Serão iluminados sobre os divinos mistérios.

3ª) Consolá-los-ei em suas penas e acompanhá-los-ei nos seus trabalhos.

4ª) Conceder-lhes-ei tudo o que me pedirem, contanto que não se oponha à vontade de meu adorável Divino Filho e à santificação de suas almas.

5ª) Defendê-los-ei nos combates espirituais contra o inimigo infernal e protegê-los-ei em todos os instantes da vida.

6ª) Assistir-lhes-ei visivelmente no momento da morte, e verão o rosto de sua Mãe Santíssima.

7ª) Os que propagarem esta devoção serão levados desta vida à felicidade eterna, diretamente, pois ser-lhe-ão apagados todos os seus pecados.

Bebendo na fonte

"O pai e a mãe ficavam admirados com aquilo que diziam do menino. Simeão os abençoou e disse a Maria, a mãe: 'Este menino será causa de queda e de reerguimento para muitos em Israel. Ele será um sinal de contradição – e a ti, uma espada traspassará tua alma! – e assim serão revelados os pensamentos de muitos corações'" (Lc 2,34-35).

Reflexão

Santo Afonso de Ligório nos diz que Nosso Senhor Jesus Cristo prometeu aos devotos de Nossa Senhora das Dores as seguintes graças:

1ª) Aquele devoto que invocar a divina Mãe pelos merecimentos de suas dores merecerá fazer, antes de sua morte, verdadeira penitência de todos os seus pecados.

2ª) Nosso Senhor Jesus Cristo imprimirá em seus corações a memória de sua Paixão, dando-lhes depois um prêmio no céu.

3ª) Jesus Cristo guardá-los-á em todas as tribulações em que se acharem, especialmente na hora da morte.

4ª) Por fim, deixá-los-à nas mãos de sua Mãe para que deles disponha a seu agrado e lhes obtenha todos e quaisquer favores.

Verdadeiramente, ó santa Mãe, uma espada traspassou vossa alma. Aliás, somente traspassando-a, penetraria na carne do Filho. De fato, a lança cruel, abrindo-lhe o lado sem poupar um morto, não atingiu a alma dele, mas ela traspassou a vossa alma. Por isto a violência da dor penetrou em vossa alma e nós vos proclamamos, com justiça, mais do que mártir, porque a compaixão ultrapassou a dor da paixão corporal.

Mãe das Dores, alegrai-vos, que depois de tantas lutas estais na glória junto ao Filho e sois Rainha do universo.

Preces

Supliquemos a Nossa Senhora das Dores por nós e pelas necessidades de nosso povo.

Mãe de Jesus crucificado, rogai por nós.
Mãe do Coração Transpassado, rogai por nós.
Mãe do Cristo Redentor, rogai por nós.
Mãe dos discípulos de Jesus, rogai por nós.
Mãe dos redimidos, rogai por nós.
Mãe dos viventes, rogai por nós.
Virgem oferente, rogai por nós.
Virgem fiel, rogai por nós.
Virgem do silêncio, rogai por nós.
Virgem da espera, rogai por nós.
Virgem da ressurreição, rogai por nós.
Mulher que sofreu o exílio, rogai por nós.
Mulher forte, rogai por nós.
Mulher corajosa, rogai por nós.

Mulher do sofrimento, rogai por nós.
Mulher da esperança, rogai por nós.
Colaboradora na salvação, rogai por nós.
Serva da reconciliação, rogai por nós.
Defesa dos inocentes, rogai por nós.
Coragem dos perseguidos, rogai por nós.
Fortaleza dos oprimidos, rogai por nós.
Esperança dos pecadores, rogai por nós.
Consolação dos aflitos, rogai por nós.
Refúgio dos marginalizados, rogai por nós.
Conforto dos exilados, rogai por nós.
Alívio dos enfermos, rogai por nós.

Oração

Ó Deus, por vosso admirável desígnio, dispusestes prolongar a Paixão do vosso Filho, também nas infinitas cruzes da humanidade. Nós vos pedimos: assim como quisestes que ao pé da cruz do vosso Filho estivesse sua Mãe, da mesma forma, à imitação da Virgem Maria, possamos estar sempre ao lado dos nossos irmãos que sofrem, levando amor e consolo. Por Cristo, nosso Senhor. Amém.

Dia 29

Nossa Senhora da Saúde
Maria, fonte de vigor físico e moral

História

Tradicionalmente invocada pelos doentes – como afirma o Padre Antônio Vieira no seu *Sermão do Nascimento da Mãe de Deus*: "Perguntai aos enfermos para que nasce esta celestial Menina, dir-vos-ão que nasce para ser a Senhora da Saúde [...]" –, a devoção a Nossa Senhora da Saúde teve início em Portugal, na época da "grande peste", em meados do século XVI.

No verão de 1569 o contágio chegou ao auge e o rei Dom Sebastião empreendeu todos os esforços possíveis, chegando a pedir médicos à Espanha, a fim de combater o mal.

O povo, então, ao ver que os recursos humanos falhavam, recorreu a Mãe de Deus, organizando procissões de penitência em honra de Nossa Senhora da Saúde.

Em 1570, tendo diminuído o número de mortes, foi escolhido o dia 20 de abril para agradecer a Nossa Senhora pelos benefícios. Em festiva procissão, levada em rico andor, a bela imagem da Virgem Maria recebeu o título de Nossa Senhora da Saúde.

De Portugal, esta invocação veio para o Brasil, sendo as primeiras imagens trazidas de lá para Salvador, Rio de Janeiro e Minas Gerais.

A igreja de Nossa Senhora da Saúde, em São Paulo, realiza a festa de sua padroeira no dia 15 de agosto – dia da celebração da Assunção de Nossa Senhora –, com festas religiosas e recreativas, destacando-se o tríduo e a missa solene seguida de procissão pelas ruas.

Constatamos com alegria que a devoção a Nossa Senhora da Saúde está aumentando entre os fiéis, inclusive de outros estados do Brasil.

Bebendo na fonte

"Enquanto Jesus assim falava, uma mulher levantou a voz no meio da multidão e lhe disse: 'Feliz o ventre que te trouxe e os seios que te amamentaram'. Ele respondeu: 'Felizes, sobretudo, são os que ouvem a Palavra de Deus e a põem em prática'. Acorrendo as multidões em grande número, Jesus começou a dizer: 'Esta geração é uma geração perversa. Busca um sinal, mas nenhum sinal lhe será dado, a não ser o sinal de Jonas'" (Lc 11,27-28).

Reflexão

O Senhor não se impõe. Ele propõe. Todo homem é livre para escolhê-lo ou rejeitá-lo, para crer ou não crer. Nem todos os que o encontram creem nele; para crer e encontrar-se com ele é necessário a fé. A Eucaristia sem fé é um gesto sem sentido.

Quando encontramos Jesus em nosso caminho, não podemos ignorá-lo; temos que tomar atitude por ele ou contra ele. Maria é aquela que nos ensina a optar pelo seguimento de Jesus, para fazer, com ele, a vontade do Pai.

"Sabei que só o Senhor é Deus, ele nos fez e a ele pertencemos, somos seu povo, o rebanho do seu pasto" (Sl 99).

Preces

A Nossa Senhora da Saúde pedimos neste momento por todos os enfermos. Maria, intercedei junto a vosso Filho:

- para que os doentes e aflitos tenham confiança e paciência, fé e coragem para vencerem os momentos de desesperança e angústia;
- por aqueles que passam por enfermidades emocionais e espirituais;
- para que aqueles que sofrem com a angústia, o medo, o desespero, a depressão, a ansiedade e tantos transtornos psíquicos sejam libertados e curadas as feridas que causam esse mal;
- para que os doentes acamados e debilitados não desanimem, mas tenham sempre confiança no Senhor Jesus;
- para que os médicos e todos os que servem aos doentes – enfermeiros, cuidadores, acompanhantes – recebam a graça da sabedoria.

Oração

Virgem Puríssima, que sois a saúde dos enfermos, o refúgio dos pecadores, a consoladora dos aflitos e a despenseira de todas as graças, na minha fraqueza e no meu desânimo apelo hoje para os tesouros da vossa divina misericórdia e bondade e atrevo-me a chamar-vos pelo doce nome de Mãe. Sim, ó Mãe, atendei-me em minha enfermidade, dai-me a saúde do corpo, para que possa cumprir os meus deveres com ânimo e alegria, e com a mesma disposição sirva a vosso Filho Jesus e agradeça a vós, saúde dos enfermos.

Nossa Senhora da Saúde, rogai por nós. Amém.

Dia 30

Nossa Senhora da Glória
Padroeira de Maringá

História

Embora sejam representadas de maneiras diferentes, trata-se da mesma festa litúrgica em que a Igreja celebra a glorificação de Maria, assunta ao céu, coroada como Rainha da Glória. A devoção a Nossa Senhora da Glória chegou até nós pelos colonos portugueses, que, em 1503, construíram em Porto Seguro a primeira igreja a ela dedicada.

A definição dogmática, pronunciada por Pio XII em 1950, declarando que Maria não precisou aguardar, como as outras criaturas, o fim dos tempos para obter também a ressurreição corpórea, quis pôr em evidência o caráter único da sua santificação pessoal, pois o pecado nunca ofuscou, nem por um instante, o brilho de sua alma. A união definitiva, espiritual e corporal do homem com Cristo glorioso é a fase final e eterna da redenção. Assim os santos, que já têm a visão beatífica, estão de certo modo aguardando a plenitude final da redenção, que em Maria já aconteceu com a singular graça da preservação do pecado.

Maria é não só Mãe do Redentor, mas também sua cooperadora, a ele intimamente unida na luta e na decisiva vitória. Essa íntima união requer que também Maria triunfe, como Jesus, não somente sobre o pecado, mas também sobre a morte, os dois inimigos do gênero humano. Como a redenção de Cristo tem a sua conclusão com a ressurreição do corpo, também a vitória de Maria sobre o pecado, com a Imaculada Conceição, dever ser completa com a vitória sobre a morte mediante a glorificação do corpo, com a Assunção, pois a plenitude da salvação cristã é a participação do corpo na glória celeste.

Em Maringá (PR), a Catedral Basílica Menor Nossa Senhora da Glória é o principal cartão-postal da cidade, e a imagem de Nossa Senhora exibe sua originalidade, pois foi esculpida para ser a sua padroeira.

Bebendo na fonte

"Um sinal grandioso apareceu no céu: uma Mulher vestida com o sol, tendo a lua sob os pés e sobre a cabeça uma coroa de doze estrelas; estava grávida... atormentada para dar à luz. Ela deu à luz um filho, um varão, que irá reger todas as nações..." (Ap 12,1-2.5).

Reflexão

Diz o Papa Bento XVI, em homilia proferida em 15 de agosto, festa de Nossa Senhora da Glória: "Qual o significado da arca? O que nos parece? Para o Antigo

Testamento, esse é o símbolo da presença de Deus no meio do seu povo. Mas, agora, o símbolo deu lugar à realidade. Assim, o Novo Testamento nos diz que a verdadeira arca da aliança é uma pessoa viva e concreta: é a Virgem Maria... 'Maria é a arca da aliança porque acolheu em si Jesus; colheu em si a Palavra vivente, todo o conteúdo da vontade de Deus, da verdade de Deus; acolheu em si aquele que é a nova e eterna aliança, culminando com a oferta do seu corpo e do seu sangue: corpo e sangue recebidos de Maria'".

No Livro do Apocalipse, é indicado outro aspecto importante da realidade de Maria. Nele, ela, arca vivente da aliança, tem um destino de glória extraordinária, pois está estreitamente unida ao Filho, aquele no qual ela acolheu na fé e gerou na carne, sendo ela capaz de compartilhar integralmente a glória do céu. A Igreja canta o amor imenso de Deus por esta sua criatura: "a escolhida como verdadeira 'arca da aliança', como aquela que continua a gerar e a doar Cristo Salvador à humanidade, como aquela que no céu divide a plenitude da glória e goza da mesma felicidade de Deus".

Deus habita numa pessoa, num coração: Maria, aquela que carregou em seu colo o Filho eterno de Deus feito homem, Jesus nosso Senhor e Salvador.

Preces

Celebrando a glória celeste da Mãe de Deus, dirijamos a Deus nossa oração. Por intercessão de Maria, Nossa Senhora da Glória, atendei-nos, Senhor, e concedei-nos:

- a abundância de vossos dons;
- saúde aos enfermos, consolo aos tristes, perdão aos pecadores;
- que a vossa Igreja seja um só coração e uma só alma, na caridade;
- que aprendamos a perseverar unânimes na oração com a Mãe de Jesus e nossa Mãe.

Oração

Ó dulcíssima soberana, Rainha da Glória, bem sabemos que, miseráveis pecadores, não éramos dignos de vos possuir neste vale de lágrimas, mas sabemos também que a vossa grandeza não vos faz esquecer a nossa miséria e, no meio de tanta glória, a vossa compaixão, longe de diminuir, aumenta cada vez mais para conosco. Nós nos unimos aos anjos e santos para louvar e bendizer ao Senhor, que vos exaltou sobre todas as criaturas.

Pedimos que purifiqueis os nossos sentimentos para que aprendamos desde agora a perceber Deus no encanto das criaturas. Nós temos a certeza de que vossos olhos que choravam sobre esta terra, regada pelo sangue de Jesus, se volvam ainda para este mundo cheio de guerras, perseguições, opressão dos justos e dos fracos.

Esperamos que vossa luz celeste alivie os sofrimentos de nosso coração, as provações da Igreja e de nossa pátria. Pelos merecimentos de vossa bendita morte, obtende-nos o aumento da fé, da confiança e da santa perseverança na amizade de Deus, para que possamos, um dia, beijar os vossos pés e unir as nossas vozes às dos espíritos celestes, para louvar e cantar as vossas glórias eternamente no céu. Assim seja.

Dia 31

Coroação de Nossa Senhora

Por que coroar Maria no mês de maio?

Desde os primeiros séculos, a poesia cristã e a liturgia cantaram a dignidade régia da Mãe de Deus. Como a luz do dia vem do sol, a realeza de Maria vem de sua maternidade divina. Já na Anunciação o arcanjo falava do reinado sem fim do menino que lhe nasceria por obra e graça do Espírito Santo (Lc 1,33).

Para a piedade popular, há uma lógica: rei o filho, rainha a mãe. Por que não haveria de ser rainha aquela que o próprio Deus escolhera para ser a mãe do "Rei dos reis e Senhor dos senhores" (Ap 19,16) e que, por isso mesmo, foi preservada imaculada desde a conceição, feita "cheia de graça" (Lc 1,28) e mantida virgem durante e depois do parto?

Com a proclamação do dogma da Assunção corporal de Maria ao céu, o título de Rainha e Senhora do universo é visto como natural por teólogos, pregadores e papas. Para encerrar o Ano Santo de 1954, decretado pelo Papa Pio XII como o ano de celebração do primeiro centenário do dogma da Imaculada Conceição, o Santo Padre escreveu a encíclica *Ad caeli Reginam* (Rainha do céu), sobre a realeza de Maria, e instituiu para toda a Igreja a festa de Nossa Senhora Rainha.

Mais tarde, o Papa Paulo VI escreveria na Exortação Apostólica sobre o Culto a Virgem Maria: "A solenidade da Assunção tem um prolongamento festivo na celebração da realeza da Bem-aventurada Virgem Maria, que ocorre oito dias mais tarde, e na qual se contempla aquela que, sentada ao lado do Rei dos séculos, resplandece como Rainha e intercede como Mãe" (n. 6).

Este gesto quer externar o carinho que sentimos pela Mãe de Jesus e nossa Mãe. Não se trata de uma devoção vazia de sentido, e nem mesmo de considerá-la uma deusa, pois Maria não é um fim em si mesmo. Não é meta, mas é sinal. Sua missão é sempre nos apontar Jesus. Ela é aurora que antecede a luz radiante do magnífico Sol que é Cristo.

Coroamos a sua imagem porque em nosso coração ela tem um lugar especial, pois, pelo seu "fiat" (faça-se), Deus torna-se homem em seu seio virginal. Diante do anúncio do Arcanjo Gabriel, que lhe falou claramente: "o santo que vai nascer de ti será chamado filho de Deus" (Lc 1,35), Maria não titubeou e se colocou como serva, não só com palavras, mas logo foi ao encontro de sua prima Isabel, que, ao receber sua visita, exclamou: "donde me vem esta honra de vir a mim a mãe do meu Senhor" (Lc 1,43).

Coroamos a imagem de Maria como gesto simbólico, para aprendermos com ela a cantar as maravilhas de Deus no nosso dia a dia, reconhecendo-o como Deus vivo: "Minha alma glorifica o Senhor e meu espírito exulta em Deus meu Salvador" (Lc 2,47). Por tudo isso é que coroamos a imagem de Nossa Senhora, a Mãe de Jesus e nossa Mãe.

Diz o Bem-aventurado João Paulo II: "A Mãe do Redentor tem um lugar bem preciso no plano da salvação, porque, 'ao chegar a plenitude dos tempos, Deus enviou o seu Filho, nascido de uma mulher, nascido sob a Lei e para que recebêssemos a adoção de filhos'" (Gl 4,4-5).

E proclama exultante São Bernardo:

> Ó tu, que te sentes, longe da terra firme, levado pelas ondas deste mundo, no meio dos temporais e das tempestades, não desvies o olhar da luz deste Astro, se não quiseres perecer. Se o vento das tentações se elevar, se o recife das provações se erguer na tua estrada, olha para a Estrela, chama por Maria.
> Se fores sacudido pelas vagas do orgulho, da ambição, da maledicência, do ciúme, olha para a Estrela, chama por Maria. Nos perigos, nas angústias, nas dúvidas, pensa em Maria, invoca Maria. Que seu nome nunca se afaste de teus lábios, que não se afaste de teu coração; e para obter o auxílio da sua oração, não te descuides do seu exemplo de vida. Seguindo-a, terás a certeza de não te desviares; suplicando-lhe, de não desesperares; consultando-a, de não te enganares. Se ela te segurar, não cairás; se te proteger, nada terás de temer; se te conduzir, não sentirás cansaço; se te for favorável, atingirás o objetivo.

Roteiro para coroação de Nossa Senhora

Material necessário:

- Imagem de Nossa Senhora;
- Manto;
- Coroa;
- Bexigas de cores diversas;
- Foguetes de chuva de papel, comprados em lojas de artigos para festa (ou pétalas de flores);
- Alimentos não perecíveis ou utensílios a serem doados a uma ou mais famílias necessitadas.

Celebração para a coroação de Nossa Senhora

Comentarista: Como a luz do dia vem do sol, a realeza de Maria vem de sua maternidade divina. Já na Anunciação o arcanjo falava do reinado sem fim do menino que lhe nasceria por obra e graça do Espírito Santo (Lc 1,33). Por que não haveria de ser rainha aquela que o próprio Deus escolhera para ser a mãe do "Rei dos reis e Senhor dos senhores" (Ap 19,16) e que, por isso mesmo, foi preservada imaculada desde a conceição, feita "cheia de graça" (Lc 1,28) e a mantida virgem durante e depois do parto?

Todos: Maria, Rainha do céu e da terra, Filha predileta do Pai, Mãe do Filho de Deus, Esposa imaculada do Espírito Santo, admiro e louvo o vosso privilégio único no mundo, pois, agradando a Deus pela vossa humildade, fé e virgindade, fostes escolhida para ser a Mãe do Salvador.

Música: *Ave-Maria* (só orquestrada).

Durante a música, as crianças entram em procissão. Primeiro formam duas colunas, no corredor central da Igreja, intercalando as cores das bexigas. A seguir, entram as crianças que trazem as pétalas ou os foguetes de chuva de papel, e aguardam ao lado. Por fim, entra alguém levando a imagem que será fixada no nicho, o manto e a coroa.

Em seguida, efetuam-se os procedimentos da coroação, conforme a letra do canto: "Coroação de Nossa Senhora", de Adriana (CD: *Lindo céu*. São Paulo: Paulinas/Comep).

Comentarista: Coroando hoje Nossa Senhora, nós contemplamos sua glória no céu e colocamo-nos sob a sua proteção. Maria é a nossa Rainha e nós queremos servi-la com amor e dedicação, vivendo com entusiasmo nossa fé e a caridade, na ajuda e respeito a todas as famílias de nossa comunidade.

Todos: Acolhei, ó Mãe querida, o nosso amor e conservai-nos unidos entre nós e em comunhão com vosso Filho, Nosso Senhor Jesus Cristo.

Criança (em voz alta): Recebei, ó Mãe querida, o manto azul da cor do céu. Estendei o vosso manto sobre nós, guardai-nos de todos os perigos e fortalecei a nossa fé.

Todos cantam a primeira estrofe do canto, enquanto uma criança coloca o manto sobre a imagem.

*Senhora, Rainha / Tão linda estás /
Trouxemos presentes / Pra te ofertar.*

*Este manto celeste / Azul cor do céu /
Que protege e guarda / Teus filhos pra Deus.*

Criança: Recebei, ó Mãe querida, a coroa de nosso amor. Ensinai-nos a viver os valores do Reino de Deus, por toda a nossa vida.

Todos cantam a segunda estrofe do canto, enquanto duas crianças colocam a coroa sobre a cabeça de Maria.

*Senhora, Rainha / Tão linda estás /
Trouxemos presentes / Pra te ofertar.*

*A coroa é prova / De quem soube amar /
E pra ver teu sorriso / Colhemos pra ti / Chuva de pétalas!*

Todos aclamam Maria com palmas, enquanto as crianças, de onde estão, jogam sobre a imagem pétalas de flores (ou papéis).

Todos continuam a cantar o canto de coroação, enquanto as pessoas presentes levam os dons a serem ofertados até o lugar previamente preparado.

*Senhora, Rainha / Tão linda estás /
Trouxemos presentes / Pra te ofertar.*

*Abençoa as famílias / O nosso país /
As crianças / E os jovens / Que esperam em ti!*

(Durante a procissão pode-se repetir o canto de coroação, ou mesmo, terminando-o, entoarem outro canto de Nossa Senhora, à escolha dos animadores.)

Finalizar com a bênção dada pelo sacerdote.

Anexos

Ato de consagração a Nossa Senhora

Consagrar-se a Maria Santíssima significa recorrer ao seu auxílio, oferecermo-nos a nós mesmos e oferecer a humanidade àquele que é Santo, infinitamente Santo; valer-se do seu auxílio – recorrendo ao seu Coração de Mãe aberto, junto da cruz, ao amor para com todos os homens e para com o mundo inteiro. A Mãe do Redentor chama-nos, convida-nos e ajuda-nos, para nos unirmos a esta consagração, a este ato de entrega do mundo. Então, encontrar-nos-emos, de fato, o mais próximo possível do Coração de Cristo trespassado na cruz.
(Bem-aventurado João Paulo II)

Dou graças a Trindade Santa presente e atuante na Igreja e na profundidade do meu ser, porque coroou Maria Santíssima, Rainha do céu e da terra. E hoje, Mãe e Senhora minha, de maneira toda especial recorro à vossa proteção e vos consagro a minha vida de discípulo missionário.

Mãe de Deus e dos homens e mulheres de todos os tempos e lugares, o Senhor a fez toda bela e imaculada, preservando-vos, pelos méritos de vosso Filho, da mancha do pecado original. Intercedei a Deus por mim, Virgem Puríssima, para que me liberte de todo pecado e santifique o meu ser a fim de que seja aberto à graça divina e glorifique aquele que me convida a ser santo porque ele é santo.

Intercedei a Deus por minha família, Mãe Santíssima, a fim de que, fiéis ao nosso Batismo, unidos no amor e no respeito mútuo às diferenças de cada um, sirvamos na caridade ao Senhor que é Pai misericordioso e que nos ama, apesar de nossas fragilidades e incorrespondências.

Consagrando a vós todo o meu ser, tudo o que sou e tenho, peço pela Igreja, para que seja fiel aos projetos do Senhor e seja sempre mais uma Igreja missionária, mãe, defensora dos direitos humanos e promotora da justiça, onde seus filhos encontrem acolhida, esperança e perdão. Que não falte na Igreja sacerdotes, religiosos e missionários leigos que doem sua vida a serviço dos irmãos. Cuidai dos pobres, aflitos e sofredores.

Acompanhai os jovens e as crianças, sustentai e confortai os doentes, defendei os trabalhadores e os idosos. Santificai meus pensamentos, sentimentos, palavras e ações para que eu possa agradar a vós e ao vosso Jesus e meu Deus.

Jesus e Maria, aceitai a oferta da minha vida e dai-me a vossa bênção, em nome do Pai, do Filho e do Espírito Santo. Amém.

Ladainha de Nossa Senhora

Senhor, tende piedade de nós. (bis)
Jesus Cristo, tende piedade de nós. (bis)
Senhor, tende piedade de nós. (bis)
Jesus Cristo, ouvi-nos. (bis)
Jesus Cristo, atendei-nos. (bis)
Pai celeste que sois Deus,
tende piedade de nós.
Filho, Redentor do mundo, que sois Deus,
tende piedade de nós.
Espírito Santo, que sois Deus,
tende piedade de nós.
Santíssima Trindade, que sois um só Deus,
tende piedade de nós.

Santa Maria, rogai por nós.
Santa Mãe de Deus, rogai por nós
Santa Virgem das Virgens, rogai por nós.
Mãe de Jesus Cristo, rogai por nós.
Mãe da divina graça, rogai por nós.
Mãe puríssima, rogai por nós.
Mãe castíssima, rogai por nós.
Mãe imaculada, rogai por nós.
Mãe intacta, rogai por nós.
Mãe amável, rogai por nós.
Mãe admirável, rogai por nós.
Mãe do bom conselho, rogai por nós.
Mãe do Criador, rogai por nós.
Mãe do Salvador, rogai por nós.

Mãe da Igreja, rogai por nós.
Virgem prudentíssima, rogai por nós.
Virgem venerável, rogai por nós.
Virgem louvável, rogai por nós.
Virgem poderosa, rogai por nós.
Virgem clemente, rogai por nós.
Virgem fiel, rogai por nós.
Espelho de justiça, rogai por nós.
Sede de sabedoria, rogai por nós.
Causa da nossa alegria, rogai por nós.
Vaso espiritual, rogai por nós.
Vaso honorífico, rogai por nós.
Vaso insigne de devoção, rogai por nós.
Rosa mística, rogai por nós.
Torre de David, rogai por nós.
Torre de marfim, rogai por nós.
Casa de ouro, rogai por nós.
Arca da aliança, rogai por nós.
Porta do céu, rogai por nós.
Estrela da manhã, rogai por nós.
Saúde dos enfermos, rogai por nós.
Refúgio dos pecadores, rogai por nós.
Consoladora dos aflitos, rogai por nós.
Auxílio dos cristãos, rogai por nós.
Rainha dos anjos, rogai por nós.
Rainha dos patriarcas, rogai por nós.
Rainha dos profetas, rogai por nós.
Rainha dos apóstolos, rogai por nós.
Rainha dos mártires, rogai por nós.

Rainha dos confessores, rogai por nós.
Rainha das virgens, rogai por nós.
Rainha de todos os santos, rogai por nós.
Rainha concebida sem pecado original, rogai por nós.
Rainha elevada ao céu em corpo e alma, rogai por nós.
Rainha do sacratíssimo Rosário, rogai por nós.
Rainha das famílias, rogai por nós.
Rainha da paz, rogai por nós.

Cordeiro de Deus que tirais os pecados do mundo, perdoai-nos Senhor.
Cordeiro de Deus que tirais os pecados do mundo, ouvi-nos, Senhor.
Cordeiro de Deus que tirais os pecados do mundo, tende piedade de nós.